추론 문해력
3단계

추론 문해력 3단계
초등 국어 수학 사회 과학과 연계하여 추론 능력을 키워 준다

초판 발행일 2025년 12월 12일
2쇄 발행일 2026년 1월 23일

지은이 이형래
펴낸곳 국수

등록번호 제2018-000158호
주소 경기도 고양시 일산동구 진밭로 36-124
전화 (031) 908-9293
팩스 (031) 8056-9294
전자우편 songwriter@kuksu.kr

ISBN 979-11-90499-77-4 04000
ISBN 979-11-90499-74-3 (세트)

책값은 뒤표지에 쓰여 있습니다.

추론 문해력 3단계

초등 **국어 수학 사회 과학**과
연계하여 **추론 능력**을 키워 준다

이형래 지음

국수

‘추론 문해력’으로 공부 근육을 키워요

‘추론’이란 무엇일까요? 추론은 얼핏 보면 눈에 띄지 않는 의미를 알아차리는 능력이에요. 예컨대, 이런 문장이 있어요. 우산을 펼쳤다. 빗방울이 후드득 내리쳤다. 이 짧은 두 문장에는 ‘펼친 우산에 빗방울이 떨어졌다.’라는 사실보다 더 자세한 정보가 담겨 있어요. 그것은 ‘후드득’이라는 낱말에서 ‘빗방울’이 ‘굵은’ 빗방울이었음을 나타내고 있다는 것이에요. ‘굵은’은 문장에는 드러나지 않았지만, ‘내리쳤다’라는 표현에서 방금 비가 쏟아져 내리기 시작했음을 우리는 추론할 수 있어요. 이처럼 추론은 글의 ‘겉’을 읽으며 ‘속’까지 파악하는 능력이며, 그럼으로써 글의 의미를 발견하는 사고 활동이에요.

추론 능력이 뛰어난 독자는 글을 읽는 것을 넘어, 글쓴이의 생각까지 깊게 파악해요. 그래서 추론 문해력은 생략된 내용은 물론이고, 글에 직접 나타나 있지 않은 글쓴이의 집필 의도와 목적, 글 읽기에 필요한 배경 지식까지 예측하며 글의 의미를 확장해 가는 활동이에요. 그러한 추론 문해력은 저절로 생겨나지 않아요. 다양한 글을 읽고 쓰는 과정을 통해 추론하는 사고 훈련을 꾸준히 거쳐야만 그 능력이 자라는 거예요.

추론 문해력은 근육 같아요. 그 근육은 오래, 깊게 공부하기 위해 꼭 필요한 공부 근육이에요. 근육이 체력을 만들 듯, 추론 문해력은 공부 능력을 만들어요. 영양의 균형을 갖춘 음식을 먹고 꾸준히 운동해야 더욱 건강해지듯이, 추론 문해력을 갖추어 공부를 해야 바라는 성과도 올릴 수 있어요.

4권으로 구성된 '추론 문해력 시리즈'의 셋째 단계인 이 책은 어린이 독자가 학교 공부와 연계하여 추론 능력을 자연스레 기를 수 있도록 조등학교 중학년 국어·수학·사회·과학 교과의 핵심 내용을 글감으로 만들었어요. 자녀의 건강을 생각하며 부모께서 정성껏 만드신 집밥 같은 글감을 최고의 문해력 교육 전문가가 직접 썼어요. 추론 문해력 식단으로는 영양 만점이라고 자부할 만한 이 책으로 추론 능력을 튼튼하게 길러 보세요.

2025년 마지막 달에

문해력 교육 전문가 이형래

이 책의 구성

지문

여러 낱말이나 짧은 글로 이루어진 지문입니다. 이 지문은 아래의 문제에서 쓰일 추론의 재료입니다.

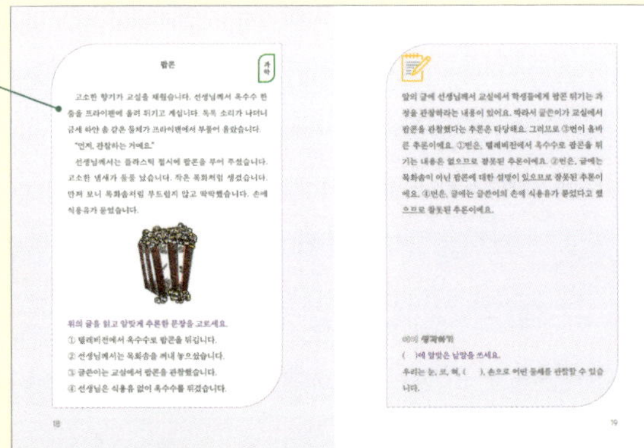

팝콘

과학

고소한 향기가 교실을 채웠습니다. 선생님께서 옥수수 한 줌을 프라이팬에 올려 튀기고 계십니다. 톡톡 소리가 나더니 금세 하얀 솜 같은 물체가 프라이팬에서 부풀어 올랐습니다.

"먼저, 관찰하는 거예요."

선생님께서는 플라스틱 접시에 팝콘을 부어 주셨습니다. 고소한 냄새가 솔솔 났습니다. 작은 목화처럼 생겼습니다. 만져 보니 목화솜처럼 부드럽지 않고 딱딱했습니다. 손에 식용유가 묻었습니다.

위의 글을 읽고 알맞게 추론한 문장을 고르세요.

① 텔레비전에서 옥수수로 팝콘을 튀깁니다.
② 선생님께서는 목화솜을 꺼내 놓으셨습니다.
③ 글쓴이는 교실에서 팝콘을 관찰했습니다.
④ 선생님은 식용유 없이 옥수수를 튀겼습니다.

18

앞의 글에 선생님께서 교실에서 학생들에게 팝콘 튀기는 과정을 관찰하라는 내용이 있어요. 따라서 글쓴이가 교실에서 팝콘을 관찰했다는 추론은 타당해요. 그러므로 ③번이 올바른 추론이에요. ①번은, 텔레비전에서 옥수수로 팝콘을 튀기는 내용은 없으므로 잘못된 추론이에요. ②번은, 글에는 목화솜이 아닌 팝콘에 대한 설명이 있으므로 잘못된 추론이에요. ④번은, 글에는 글쓴이의 손에 식용유가 묻었다고 했으므로 잘못된 추론이에요.

어휘 생각하기

(　　)에 알맞은 낱말을 쓰세요.

우리는 눈, 코, 혀, (　　), 손으로 어떤 물체를 관찰할 수 있습니다.

19

문제

위의 지문에 대한 사지선다형 문제입니다. 알맞게 추론한 문장을 독자가 고르도록 출제되었습니다.

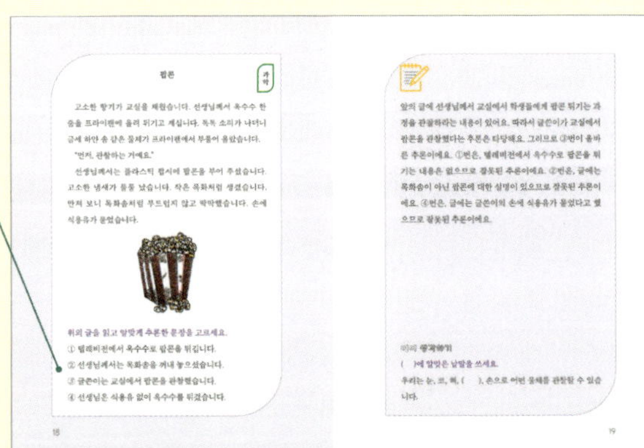

팝콘

과학

고소한 향기가 교실을 채웠습니다. 선생님께서 옥수수 한 줌을 프라이팬에 올려 튀기고 계십니다. 톡톡 소리가 나더니 금세 하얀 솜 같은 물체가 프라이팬에서 부풀어 올랐습니다.

"먼저, 관찰하는 거예요."

선생님께서는 플라스틱 접시에 팝콘을 부어 주셨습니다. 고소한 냄새가 솔솔 났습니다. 작은 목화처럼 생겼습니다. 만져 보니 목화솜처럼 부드럽지 않고 딱딱했습니다. 손에 식용유가 묻었습니다.

위의 글을 읽고 알맞게 추론한 문장을 고르세요.

① 텔레비전에서 옥수수로 팝콘을 튀깁니다.
② 선생님께서는 목화솜을 꺼내 놓으셨습니다.
③ 글쓴이는 교실에서 팝콘을 관찰했습니다.
④ 선생님은 식용유 없이 옥수수를 튀겼습니다.

18

앞의 글에 선생님께서 교실에서 학생들에게 팝콘 튀기는 과정을 관찰하라는 내용이 있어요. 따라서 글쓴이가 교실에서 팝콘을 관찰했다는 추론은 타당해요. 그러므로 ③번이 올바른 추론이에요. ①번은, 텔레비전에서 옥수수로 팝콘을 튀기는 내용은 없으므로 잘못된 추론이에요. ②번은, 글에는 목화솜이 아닌 팝콘에 대한 설명이 있으므로 잘못된 추론이에요. ④번은, 글에는 글쓴이의 손에 식용유가 묻었다고 했으므로 잘못된 추론이에요.

어휘 생각하기

(　　)에 알맞은 낱말을 쓰세요.

우리는 눈, 코, 혀, (　　), 손으로 어떤 물체를 관찰할 수 있습니다.

19

해설

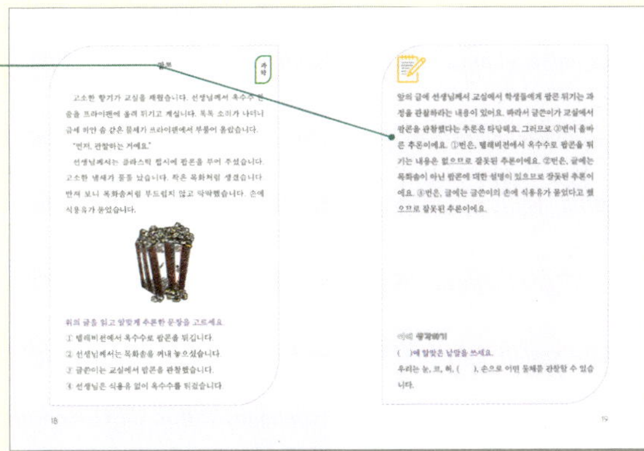

앞쪽의 문제에 대한 해설입니다. 선지(선택 항목)마다 알맞거나 알맞지 않은 까닭을 풀어 설명하여 정답을 밝혔습니다.

이어 생각하기

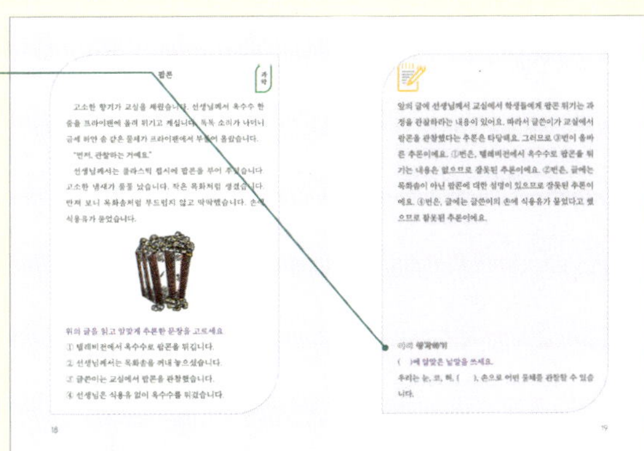

앞쪽 문제의 주제에서 비롯된 짧은 새 문제입니다. 정답이 있는 문제도 있고, 자유롭게 대답해도 되는 문제도 있습니다. 이 책 맨 뒤의 [이어 생각하기 예시 답]에서 알맞은 답을 확인할 수 있습니다.

차례

차례

하얀 웃음

국어

웃음이 하나가 아니다.
하나, 둘, 셋, 넷…
교실에서 새 나온 하얀 웃음을
목련은 저렇게 붙잡아 매달았다.
그 웃음이
오늘 터졌다.
방금 터졌다.

위의 시를 읽고 알맞게 추론한 문장을 고르세요.

① 이 시에서 웃음은 목련의 잎을 가리킵니다.
② 교실 바깥에 목련꽃이 활짝 핀 모습이 떠오릅니다.
③ 이 시는 목련에 눈이 쌓인 모습을 나타내고 있습니다.
④ 시에서 말하는 이는 도서관에서 그림책을 보고 있습니다.

앞의 시에서 웃음, 목련, 그리고 교실을 함께 언급하고 있어, 목련꽃이 교실 바깥에서 활짝 피어 있는 장면이 떠오릅니다. "웃음이 하나가 아니다."와 "목련은 저렇게 붙잡아 매달았다."라는 표현은 목련꽃이 교실에서 웃는 아이들의 웃음을 품고 있는 것처럼 느껴져요. 그러므로 ②번이 올바른 추론이에요. ①번은, 앞의 시에서 "하얀 웃음"에 비유된 것은 목련의 '잎'이 아니라 '꽃'이므로 잘못된 추론이에요. ③번은, 흰 눈이 아니라 하얀 목련이 활짝 핀 장면이므로 잘못된 추론이에요. ④번은, 시에서 도서관 모습은 언급하지 않았으므로 잘못된 추론이에요.

이어 **생각하기**

(　　)에 공통으로 들어갈 말을 쓰세요.

불만이 (　　　　　).　　울음이 (　　　　　).

웃음이 (　　　　　).　　폭죽이 (　　　　　).

사건이 (　　　　　).　　입술이 (　　　　　).

사회

종묘

우리 고장에는 세계 문화유산인 종묘가 있습니다. 종묘는 돌아가신 임금과 왕비의 이름을 적은 나무패를 모시는 왕실의 사당입니다. 조선을 세운 태조 이성계가 종묘를 처음 세웠지만 일본이 침입한 임진왜란 때 불타 버렸습니다. 광해군이 다시 세운 종묘는 지금 종로구 훈정동에 남아 있습니다.

위의 글을 읽고 알맞게 추론한 문장을 고르세요.

① 세계 문화유산인 종묘는 광해군이 처음 세웠습니다.

② 종묘에는 우리나라 역사의 모든 임금의 나무패가 있습니다.

③ 임진왜란 때 일본이 지금의 종로구 훈정동에까지 침입했습니다.

④ 종묘는 우리나라 사람에게만 알려진 유명한 곳입니다.

앞의 글에서 임진왜란 중에 종묘가 불타 버렸다는 정보를 보고, 일본이 서울에 있는 종로 3가까지 침범했다는 사실을 추론할 수 있어요. 그러므로 ③번이 올바른 추론이에요. ①번은, 종묘는 태조 이성계가 맨 처음 세웠으므로 잘못된 추론이에요. ②번은, 글에서는 돌아가신 임금과 왕비의 나무패를 모신다고 언급했지만 고구려, 백제, 신라, 고려의 임금이나 왕비의 위패가 있는 것은 아니므로 잘못된 추론이에요. ④번은, 종묘는 세계 문화유산으로 지정되어 있어서 한국뿐만 아니라 국제적으로도 알려진 곳이므로 잘못된 추론이에요.

이어 생각하기

'돌아가신 분의 이름을 적은 나무패'를 무엇이라고 부를까요? 아래에서 알맞은 이름을 골라 밑줄 치세요.

종묘

패총

위패

지방

팝콘

과학

고소한 향기가 교실을 채웠습니다. 선생님께서 옥수수 한 줌을 프라이팬에 올려 튀기고 계십니다. 톡톡 소리가 나더니 금세 하얀 솜 같은 물체가 프라이팬에서 부풀어 올랐습니다.

“먼저, 관찰하는 거예요.”

선생님께서는 플라스틱 접시에 팝콘을 부어 주셨습니다. 고소한 냄새가 풀풀 났습니다. 작은 목화처럼 생겼습니다. 만져 보니 목화솜처럼 부드럽지 않고 딱딱했습니다. 손에 식용유가 묻었습니다.

위의 글을 읽고 알맞게 추론한 문장을 고르세요.

① 텔레비전에서 옥수수로 팝콘을 튀깁니다.

② 선생님께서는 목화솜을 꺼내 놓으셨습니다.

③ 글쓴이는 교실에서 팝콘을 관찰했습니다.

④ 선생님은 식용유 없이 옥수수를 튀겼습니다.

앞의 글에 선생님께서 교실에서 학생들에게 팝콘 튀기는 과정을 관찰하라는 내용이 있어요. 따라서 글쓴이가 교실에서 팝콘을 관찰했다는 추론은 타당해요. 그러므로 ③번이 올바른 추론이에요. ①번은, 텔레비전에서 옥수수로 팝콘을 튀기는 내용은 없으므로 잘못된 추론이에요. ②번은, 글에는 목화솜이 아닌 팝콘에 대한 설명이 있으므로 잘못된 추론이에요. ④번은, 글에는 글쓴이의 손에 식용유가 묻었다고 했으므로 잘못된 추론이에요.

이어 **생각하기**

(　　)에 알맞은 낱말을 쓰세요.

우리는 눈, 코, 혀, (　　　), 손으로 어떤 물체를 관찰할 수 있습니다.

받아 올림

수학

덧셈 식은 두 수를 더하는 덧셈에 그 값까지 함께 나타내는 것을 말해요. 두 수 475와 247를 받아 올림이 있는 세 자리 수의 덧셈 식을 만들려고 합니다. 이 두 수를 이용한 덧셈 식을 만들어 수 모형과 함께 보여주려고 합니다. 덧셈 식에 필요한 모형은 몇 개일까요?

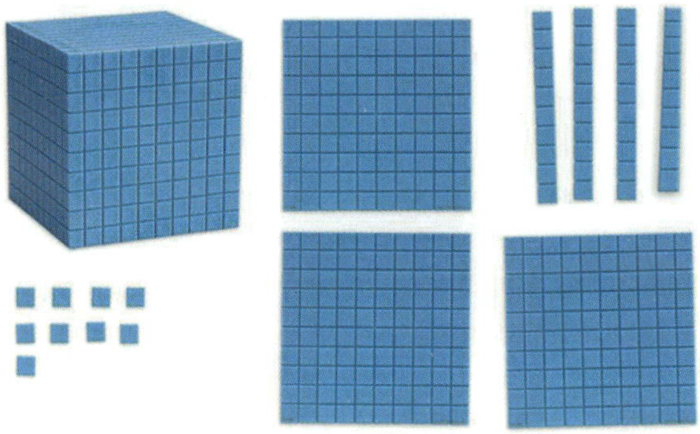

위의 글을 읽고 알맞게 추론한 문장을 고르세요.

① 일 모형 2개가 필요합니다.

② 일 모형 12개가 필요합니다.

③ 십 모형 11개가 필요합니다.

④ 백 모형 13개가 필요합니다.

앞의 글에서 받아 올림이 있는 세 자리 수의 덧셈 식은 475+247=722예요. 받아 올림은 생각하지 말고, 이 세 수를 수 모형으로 나타내는 데 필요한 수 모형을 생각하면 돼요. 백 모형은 13개, 십 모형도 13개, 일 모형은 14개가 필요해요. 그러므로 ④번이 올바른 추론이에요. ①번은, 일 모형은 14개가 필요하므로 잘못된 추론이에요. ②번도, 일 모형은 14개가 필요하므로 잘못된 추론이에요. ③번은, 십 모형은 13개가 필요하므로 잘못된 추론이에요.

이어 **생각하기**

124에 어떤 수를 더한 값을 백 모형 두 개로 나타내려면 일 모형과 십 모형이 몇 개 필요할까요? (　)에 알맞은 수를 쓰세요.

십 모형: (　　)개

일 모형: (　　)개

사마귀

국어

사마귀가 나타났다. 복도에 서 있던 한 친구는 까무러치게 놀랐다. 선생님께서 낮은 목소리로 급히 말씀하셨다.

"쉿, 조용히! 사마귀 놀라겠다."

이름에 마귀라는 말이 있지만, 작은 사마귀를 보고 아이들이 왜 놀라는 걸까? 사마귀는 앞다리가 커서 특별해 보이고, 자세도 캥거루처럼 서 있다. 사마귀는 멋있다.

위의 글을 읽고 알맞게 추론한 문장을 고르세요.

① 이 글에는 '무엇이 어찌하다' 짜임이 없습니다.

② 이 글에는 '누가 어찌하다' 짜임이 없습니다.

③ 이 글에는 '누가 무엇이다' 짜임이 없습니다.

④ 이 글에는 '무엇이 어떠하다' 짜임이 없습니다.

앞의 글에서는 '누가 무엇이다'라는 짜임이 없어요. '누가 무엇이다' 짜임은 '사마귀는 인형이다'와 같아요. 그러므로 ③번이 올바른 추론이에요. ①번은, "사마귀 놀라겠다."라는 짜임은 '무엇이 어찌하다' 짜임이므로, 잘못된 추론이에요. ②번은, "친구는 까무러치게 놀랐다."는 '누가 어찌하다' 짜임에 해당하므로, 잘못된 추론이에요. ④번은, "사마귀는 멋있다."라는 짜임은 '무엇이 어떠하다' 짜임에 해당하므로 잘못된 추론이에요.

이어 **생각하기**

'사마귀'를 넣어 '무엇이 어떠하다', '무엇이 어찌하다' 짜임의 문장으로 만들어 쓰세요.

무엇이 어떠하다:

무엇이 어찌하다:

수 카드

수학

825, 297, 714, 438. 이 수 카드 네 장 가운데 두 장을 선택하여 이 두 수의 차가 300에 가장 가까운 뺄셈 식을 만들려고 합니다. 뺄셈 식에 들어가지 않은 숫자는 무엇일까요?

위의 글을 읽고 알맞게 추론한 문장을 고르세요.

① 뺄셈 식 □-□=□에 숫자 1이 들어가지 않습니다.

② 뺄셈 식 □-□=□에 숫자 3이 들어가지 않습니다.

③ 뺄셈 식 □-□=□에 숫자 5가 들어가지 않습니다.

④ 뺄셈 식 □-□=□에 숫자 7이 들어가지 않습니다.

앞의 글에 주어진 수 카드로 뺄셈 식을 만들면, 825-714=111, 825-438=387, 825-297=528, 714-438=276, 714-297=417, 438-297=141이므로 714-438=276이 300에 가장 가까운 뺄셈 식이에요. 따라서 뺄셈 식에서 사용된 숫자는 7, 1, 4, 4, 3, 8, 2, 7, 6이므로, 이 뺄셈 식에서는 1, 2, 3, 4, 6, 7, 8 숫자들이 사용되었어요. 그러므로 사용되지 않은 숫자는 5예요. ③번이 올바른 추론이에요. ①번은, 숫자 1은 뺄셈 식에 사용되었으므로 잘못된 추론이에요. ②번, 숫자 3도 사용되었으므로 잘못된 추론이에요. ④번은, 숫자 7도 사용된 숫자이므로 잘못된 추론이에요.

이어 **생각하기**

앞글의 수 카드 네 장 가운데 두 수의 차가 가장 큰 뺄셈 식을 (　)에 쓰세요.

(　　　)-(　　　)=(　　　)

길이 측정

과학

길이를 측정할 때는 자, 무게를 측정할 때는 저울, 시간을 측정할 때는 시계, 온도를 측정할 때는 온도계를 선택한다. 바나나의 길이를 측정할 때는 먼저 바나나의 한쪽 끝을 자의 눈금 '0'에 맞추면 된다. 끈을 사용하여 측정한다면 실을 팽팽하게 당겨서 바나나의 한쪽 끝과 다른 쪽 끝에 맞춰야 한다.

위의 글을 읽고 알맞게 추론한 문장을 고르세요.

① 이 글의 중심 내용은 측정 도구 소개하기입니다.

② 이 글의 중심 내용은 바나나를 정확하게 측정하는 방법입니다.

③ 이 글의 중심 내용은 눈금 있는 실로 바나나 측정하기입니다.

④ 이 글의 중심 내용은 '0' 눈금 확인하기입니다.

앞글의 중심 내용은 바나나를 정확하게 측정하는 방법이에요. 첫째 문장에서 길이, 무게, 시간, 온도 등을 측정하는 도구에 관해 설명했어요. 이어서 바나나의 길이를 정확히 측정하는 방법에 중점을 두고 설명했어요. 그러므로 ②번이 올바른 추론이에요. ①번은, 다양한 측정 도구에 대한 언급이 있지만, 글의 중심 생각이 어떤 대상(바나나)을 측정하는 방법의 설명이므로, 잘못된 추론이에요. ③번은, 눈금 있는 실이 언급되지 않았으므로 잘못된 추론이에요. ④번은, '0' 눈금 확인은 측정 방법의 한 부분일 뿐, 글의 중심 내용으로 전체를 대표하지 못하므로 잘못된 추론이에요.

이어 **생각하기**

바나나의 휘어진 부분까지 측정하려면 어떤 도구가 가장 적절할까요? 아래 낱말들에서 골라 (   )에 ○표하세요.

삼각자 (   )

대나무자 (   )

고무줄 (   )

줄자 (   )

우리가 사는 곳에는

사회

우리가 사는 곳에는 학생들이 공부하는 학원이 있습니다. 우리가 사는 곳에는 사람들의 병을 치료하는 병원이 있습니다. 우리가 사는 곳에는 사람들이 책을 읽거나 빌릴 수 있는 도서관이 있습니다. 우리가 사는 곳에는 어린이들이 놀 수 있는 놀이터가 있습니다. 우리가 사는 곳에는 사람들이 쉴 수 있는 공원이 있습니다.

위의 글을 읽고 알맞게 추론한 문장을 고르세요.

① 이 글의 중심 내용은 우리가 사는 곳의 여러 명소입니다.

② 이 글의 중심 내용은 우리가 사는 곳의 여러 장소입니다.

③ 이 글의 중심 내용은 우리가 사는 곳의 공공 기관입니다.

④ 이 글의 중심 내용은 우리가 사는 곳의 공공장소입니다.

이 글의 중심 내용은 우리가 사는 곳의 여러 장소예요. 글에서 언급된 학원, 병원, 도서관, 놀이터, 공원 등은 모두 우리가 사는 곳의 다양한 장소를 나타내요. 이들을 모두 포괄하는 표현이 '우리가 사는 곳의 여러 장소'이므로 ②번이 올바른 추론이에요. ①번은, '명소'라는 표현은 주로 관광지나 유명한 장소를 의미하는데, 글에서 소개한 장소들은 다양한 기능이 있으므로, 잘못된 추론이에요. ③번은, 일부 병원과 도서관은 공공 기관이지만, 학원은 사설 교육 기관으로, 공공 기관에 포함되지 않으므로, 잘못된 추론이에요. ④번은, 학원은 공공장소가 아니므로, 잘못된 추론이에요.

이어 **생각하기**

다음 중 공공장소가 아닌 곳에 밑줄 치세요.

소방서

경찰서

보건소

이동 통신사

혓바닥의 색깔

국어

노란 치자 사탕을 먹은 내 혓바닥은 노르스름하다. 할머니께서 정성 들여 가꾸신 버찌를 먹은 동생 혓바닥은 불그스레하다. 고모부와 고모께서 기르신 블루베리를 먹은 엄마 혓바닥은 푸르스레하다. 낙지 먹물이 든 낙지볶음을 드신 아빠 혓바닥은 거무스레하다.

위의 글을 읽고 알맞게 추론한 문장을 고르세요.

① 각 문장의 끝에 있는 낱말은 '어떠하다'를 나타내는 말입니다.

② 이 글의 중심 생각은 가족의 사랑입니다.

③ 이 글의 중심 내용은 사탕과 과일의 색깔입니다.

④ 이 글의 모든 문장은 '무엇이 어찌하다' 짜임입니다.

각 문장의 끝에 있는 낱말들은 모두 혓바닥의 색깔을 설명하는 형용사예요. 형용사는 성질이나 상태를 나타내는 단어예요. 형용사는 의견, 성질, 형편, 상태를 나타내는 '어떻다', '어떠하다'라는 단어와 관련이 있어요. 그러므로 ①번이 올바른 추론이에요. ②번은, 글의 내용은 가족 혓바닥의 색깔에 중점을 두고 있으며, 가족의 사랑에 관한 내용은 설명하지 않았으므로 잘못된 추론이에요. ③번은, 사탕과 과일을 언급하긴 했지만, 가족의 혓바닥 색깔 변화에 초점을 두고 있으므로 잘못된 추론이에요. ④번은, 이 글의 문장 짜임은 모두 '무엇이 어떠하다' 짜임이므로 잘못된 추론이에요.

이어 **생각하기**

아래의 어휘를 사용하여 '어떠하다'를 나타내는 문장을 쓰세요.

자두를 / 누나의 / 새빨간 / 먹은 / 빨갛다 / 혓바닥은

수학

반직선

반직선 두 개는 하나의 점 ㄴ에서 출발했어요. ㄱ은 두 개의 반직선 중에서 하나의 반직선 위에 있는 점이에요. ㄷ은 다른 하나의 반직선 위에 있는 점이며 ㄱ을 마주 보고 있어요.

위의 글을 읽고 알맞게 추론한 문장을 고르세요.

① 이 글은 삼각형을 설명하고 있습니다.

② 이 글로 각을 설명할 수 있습니다.

③ ㄱ과 ㄷ은 변을 설명하고 있습니다.

④ ㄱㄴㄷ이 만드는 각은 모두 직각입니다.

앞의 글에서 중요한 내용은 반직선이 하나의 점 ㄴ에서 출발하고, 그 반직선 위에 점 ㄱ과 나머지 하나의 반직선 위에 점 ㄷ이 있다는 거예요. 이것은 두 반직선이 만나면서 각을 만드는 상황을 나타내고 있어요. 그러므로 ②번이 올바른 추론이에요. ①번은, 글에서는 삼각형을 구성하는 세 점이나 변에 대한 언급이 없으므로 잘못된 추론이에요. ③번은, 한 반직선 위의 점 ㄱ과 다른 반직선 위의 점 ㄷ은 변을 설명하는 것이 아니라, 각을 이룬 두 개의 변에 있는 점들이므로 잘못된 추론이에요. ④번은, 주어진 정보만으로 ㄱ과 ㄷ이 만드는 각이 직각인지 아닌지는 알 수 없으므로 잘못된 추론이에요.

이어 생각하기

앞의 글을 다시 읽고 □에 알맞은 낱말을 쓰세요.

앞의 글에 나온 '점 ㄴ'을 □□□이라고 부릅니다.

과학

물질은

물질은 물체의 본바탕이다. 물질은 물체를 만드는 재료이다. 우리 주변에는 여러 가지 물질이 있다. 종이, 금속, 유리, 플라스틱, 나무, 고무, 밀가루, 가죽, 천, 섬유도 모두 물질이다. 금, 은, 구리, 철, 알루미늄은 금속에 속하는 물질이다. 비닐, 스타이로폼, 페트는 플라스틱에 속하는 물질이다.

위의 글을 읽고 알맞게 추론한 문장을 고르세요.

① 휴지, 화장지는 플라스틱에 속하는 물질입니다.

② 택배 상자는 주로 종이 물질로 만들어집니다.

③ 알루미늄은 철에 속하는 물질입니다.

④ 물체는 물질 없이도 만들 수 있습니다.

앞의 글에서는 종이도 물질의 한 종류라고 했어요. 택배 상자는 대부분 종이로 만들어진 물체이므로 ②번이 올바른 추론이에요. ①번은, 휴지, 화장지는 종이로 만든 물체여서 플라스틱에 속하지 않으므로 잘못된 추론이에요. ③번은, 알루미늄은 철의 한 종류가 아니라 철과는 다른 독립적인 금속이므로 잘못된 추론이에요. ④번은, 물체는 반드시 어떤 물질로 만들어져야 하며, 물질 없이 물체를 만들 수 없으므로 잘못된 추론이에요.

이어 **생각하기**

아래의 물체는 무슨 물질로 만들어졌나요? (   )에 쓰세요.

등산용 컵: (   )

머그잔: (   )

포장 판매용 컵: (   )

유리컵: (   )

먼지

국어

먼지는 어떻게 만들어질까? 먼지는 가늘고 작은 티끌이다. 티끌은 '티'와 '먼지'를 가리키는 말인데, 티는 아주 작은 부스러기를 말한다. 먼지 중에는 플라스틱도 있다. 플라스틱이 오래되거나 다른 물체와 부딪치면 미세 플라스틱이 발생한다. 미세 플라스틱은 모든 생명체에게 나쁜 영향을 끼치는 먼지이다.

위의 글을 읽고 알맞게 추론한 문장을 고르세요.

① 먼지는 모두 자연적으로 생깁니다.

② 미세 플라스틱은 생명체에 이로운 먼지입니다.

③ 플라스틱이 닳거나 부서질 때 미세 플라스틱이 생길 수 있습니다.

④ 티는 먼지보다 크고 단단한 돌가루를 의미합니다.

앞의 글에 "플라스틱이 오래되거나 다른 물체와 부딪치면 미세 플라스틱이 발생한다."라고 쓰여 있어요. 즉, 플라스틱의 마찰이나 부서짐이 원인이 되어 미세 플라스틱이 만들어질 수 있으므로 ③번이 올바른 추론이에요. ①번은, 먼지는 미세 플라스틱처럼 자연이 아닌 사람이 만든 제품에서도 생기므로 잘못된 추론이에요. ②번은, 미세 플라스틱은 모든 생명체에게 부정적인 영향을 주는 나쁜 먼지이므로 잘못된 추론이에요. ④번은, 티는 먼지처럼 아주 작은 부스러기를 뜻하므로 잘못된 추론이에요.

이어 **생각하기**

앞의 글을 읽고 □에 알맞은 낱말을 쓰세요.

눈에 보이지 않는 □□ □□□□은 사람 몸속으로 들어갈 수 있고 여러 질병을 일으킬 수 있습니다.

무악재

사회

무악재는 서울특별시 종로구 무악동과 서대문구 현저동, 홍제동 사이에 있는 고개입니다. 이 고개의 동쪽에는 인왕산이 있고, 서쪽에는 안산이 있습니다. 조선을 건국한 태조 이성계가 1394년에 도읍지를 알아보려고 몸소 무학 대사를 데리고 와서 둘러보았다고 해서 '무학재'라고도 합니다. 무악재는 예로부터 조선의 수도인 한양으로 들어오는 교통의 요충지였습니다.

위의 글을 읽고 알맞게 추론한 문장을 고르세요.

① 조선은 1394년에 이성계가 건국하였습니다.

② 조선 시대에는 무악재를 넘어 한양으로 들어갔습니다.

③ 무악재는 전설에 나오는 상상의 고개 이름입니다.

④ 1394년에는 무악재 바깥의 마을도 한양이었습니다.

앞의 글에서 "무악재는 예로부터 조선의 수도인 한양으로 들어오는 교통의 요충지였습니다."라고 했어요. '요충지'는 군사적으로 매우 중요한 곳을 말해요. 따라서 조선 시대 사람들은 무악재를 넘어 한양으로 들어갔다고 추론할 수 있어요. 그러므로 ②번이 올바른 추론이에요. ①번은, 조선 건국 연도는 1392년이며, 1394년은 조선의 도읍지를 둘러본 연도이므로 잘못된 추론이에요. ③번은, 무악재는 서울에 실제로 존재하는 고개이므로 잘못된 추론이에요. ④번은, 무악재 바깥 마을은 당시 한양의 행정 구역에 포함되지 않았으므로 잘못된 추론이에요.

이어 **생각하기**

무악재가 있는 도로의 이름을 찾아 □에 쓰세요.

□□□

사각형

수학

사각형 안쪽에 있는 네 개의 내각이 모두 직각인 사각형을 직사각형이라고 부릅니다. 직사각형은 긴네모, 긴네모꼴, 장방형, 직각사각형, 직방형이라고도 부릅니다. 정사각형은 변의 길이와 사각형 안쪽에 있는 네 개의 내각이 모두 같은 사각형입니다. 정사각형 내각의 네 각은 모두 직각입니다.

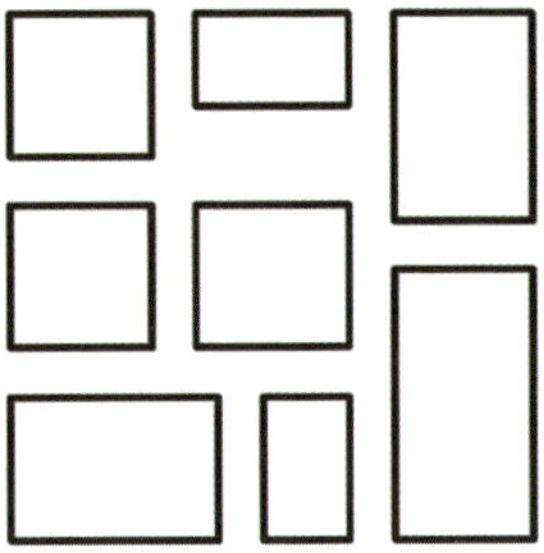

위의 글을 읽고 알맞게 추론한 문장을 고르세요.

① 직사각형은 각의 크기가 다르고 정사각형은 각의 크기가 같습니다.

② 정사각형은 직사각형이라고 부를 수 있습니다.

③ 정사각형은 장방형이라고도 부릅니다.

④ 직사각형은 항상 정사각형보다 크기가 큽니다.

정사각형은 사각형의 안에 있는 네 개의 내각이 모두 직각이며 네 변의 길이가 같아요. 사각형의 안에 있는 네 개의 내각 크기가 직각인 도형을 직사각형이라고 하므로 정사각형은 직사각형의 한 형태예요. 따라서 ②번이 올바른 추론이에요. ①번은, 직사각형의 네 각도 모두 직각이며, 정사각형의 각도도 모두 직각이므로 잘못된 추론이에요. ③번은, 장방형은 직사각형을 일컫는 도형이므로 잘못된 추론이에요. ④번은, 직사각형의 크기는 그 형태에 따라 다르며 정사각형보다 커야 한다는 법칙은 없으므로 잘못된 추론이에요.

이어 **생각하기**

아래의 문장에서 알맞은 도형 이름을 (   )에 쓰세요.

교과서 표지는 (   )을 닮았고,

바둑판 윗면은 (   )을 닮았다.

수조

과학

수조에 고무 막대, 쇠막대, 나무 막대, 플라스틱 막대를 넣고 관찰했다. 이 중에서 물에 뜨는 물체는 나무 막대와 플라스틱 막대였다. 물에 가라앉은 물체는 고무 막대와 쇠막대였다.

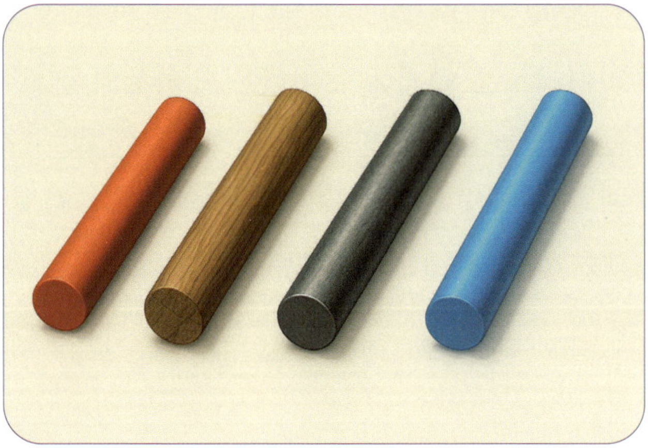

위의 글을 읽고 알맞게 추론한 문장을 고르세요.

① 물에 뜨는 물체는 가벼운 물체입니다.

② 물에 가라앉는 물체는 무거운 물체입니다.

③ 물에 뜨는 물체와 물에 가라앉는 물체는 같습니다.

④ 물에 뜨는 물체와 물에 가라앉는 물체가 있습니다.

앞의 글에서 물에 뜨는 물체(나무 막대와 플라스틱 막대)와 물에 가라앉는 물체(고무 막대와 쇠막대)를 모두 언급하고 있어요. 그러므로 ④번이 올바른 추론이에요. ①번은, '가벼운 물체'라는 표현은 비교 대상이 없으므로 잘못된 추론이에요. 나무로 만든 어떤 물체는 무겁고 플라스틱으로 만든 어떤 물체는 가벼울 수 있으니까요. ②번은, '무거운 물체'라는 표현도 비교 대상이 필요한 상대적인 표현이므로 잘못된 추론이에요. 바늘은 페트병보다 가볍지만, 물에 가라앉아요. ③번은, 물에 뜨는 물체(나무 막대와 플라스틱 막대)와 가라앉는 물체(고무 막대와 쇠막대)는 다르므로 잘못된 추론이에요. 물에 뜨거나 가라앉는 것은 물체의 무게와 모양과 관련 있어요.

이어 **생각하기**

(   )에 알맞은 물체를 쓰세요.

물에 가라앉는 물체: (   )

물에 뜨는 물체: (   )

국어

유령

유령은 동양과 서양에서 각각 다르게 나타나며, 그 차이가 흥미롭습니다. 서양의 유령들은 주로 하얀 식탁보처럼 생긴 모습을 하고 있으며, 발이 보이지 않아 신비로운 느낌을 줍니다. 반면, 동양의 귀신들은 사람 모습으로 나타납니다. 그래서 친근하면서도 이상야릇합니다. 특히 동양의 도깨비는 특별한 힘과 재주를 부려 사람을 홀리거나 짓궂은 장난을 치기도 해, 어린이들에게는 웃음을 줍니다.

위의 글을 읽고 알맞게 추론한 문장을 고르세요.

① 첫째 문장이 이 글의 중심 문장입니다.

② 둘째 문장이 이 글의 중심 문장입니다.

③ 셋째 문장이 이 글의 중심 문장입니다.

④ 다섯째 문장이 이 글의 중심 문장입니다.

앞의 글에서 첫째 문장은 유령이 동양과 서양에서 다르다는 점을 강조하며, 이후 문장에서 그 차이에 대한 설명이 이어집니다. 그러므로 ①번이 올바른 추론이에요. ②번은, 둘째 문장은 서양 유령의 특징을 설명하고 있으며, 중심 내용을 제시하지 않았으므로 잘못된 추론이에요. ③번은, 셋째 문장은 동양 유령의 형태에 대한 설명일 뿐, 중심 내용이 아니므로 잘못된 추론이에요. ④번은, 다섯째 문장은 도깨비에 관한 설명은 있지만 전체 내용을 대표하지 않아 중심 문장이 될 수 없으므로 잘못된 추론이에요.

이어 **생각하기**

우리나라의 옛날이야기에 나오는 귀신들을 찾아 아래에 쓰세요.

빙고

사회

빙고는 서빙고와 동빙고로 나뉩니다. 서빙고와 동빙고는 조선 시대에 궁중에서 쓸 얼음을 저장하고 얼음을 내어주는 일을 맡아보던 관아였습니다. 서빙고는 한강에 인접한 지금의 서울특별시 용산구 서빙고동에 있었으며, 동빙고는 지금의 서울특별시 성동구 옥수동 한강 물가에 있었습니다.

위의 글을 읽고 알맞게 추론한 문장을 고르세요.

① 서빙고와 동빙고는 지금도 얼음을 저장하고 있습니다.

② 서빙고동은 한강과 닿아 있는 고장입니다.

③ 서빙고와 동빙고는 다른 도시에도 존재합니다.

④ 동빙고동은 성동구에 있는 마을입니다.

서빙고는 서울특별시 용산구에 위치하고, 주변에 한강이 있어요. '인접하다'라는 말은 옆에 닿아 있다는 뜻이에요. 따라서 서빙고동이 한강과 닿아 있다는 추론은 타당해요. 그러므로 ②번이 올바른 추론이에요. ①번은, 글에서는 현재 얼음을 저장하고 있다는 정보는 없고, 역사적으로 그런 역할을 했다고만 언급되었으므로 잘못된 추론이에요. ③번은, 앞의 글에서 서빙고와 동빙고는 서울특별시에만 위치한다고 언급되었으므로 잘못된 추론이에요. 역사적으로 전국에는 얼음을 넣어 두던 창고인 경주 석빙고, 창녕 석빙고, 청도 석빙고 등이 있었어요. ④번은, 서울특별시 성동구 옥수동에 있었던 것은 동빙고동이 아니라 동빙고이므로 잘못된 추론이에요. 동빙고동은 서울특별시 용산구에 속하는 고장이에요.

이어 **생각하기**

'빙고'는 '얼음 빙, 곳간 고'입니다. 이 두 한자를 찾아 쓰세요.

나눔

국어

피자를 나눌 때 고민한다. 교실에서 준비물을 나누어 주는 일을 맡을 때는 정신을 바짝 차려야 한다. 과학 실험은 모둠을 나눠서 한다. 체육 활동을 할 때도 모둠을 나눈다. 재배한 채소는 묶어서 센 다음에 상자에 담는다. 사과는 여러 개의 봉지에 똑같이 담아 나눈다. 사과, 배를 잘라서 나눈다. 피자와 파전은 잘라서 나눈다.

위의 글을 읽고 알맞게 추론한 문장을 고르세요.

① 중심 내용은 '음식 공평하게 나누기'입니다.

② 중심 내용은 '협력이 필요한 과학과 체육 과목'입니다.

③ 중심 내용은 '나누는 일은 생활 곳곳에서 이루어진다'입니다.

④ 중심 내용은 '친구들과 사이좋게 지내려면 양보해야 한다'입니다.

앞의 글은 여러 상황에서 나누는 일이 있음을 설명하고 있어요. 이 글은 나누기, 나눗셈이 일상에서 꼭 필요하다는 내용을 넌지시 알리고 있어요. 그러므로 ③번이 올바른 추론이에요. ①번은, 특정한 상황인 음식 나누기에 관한 내용이지만 글 전체에서 말하고 있는 다양한 나누는 일(준비물, 과학, 체육, 채소 등)을 포괄하지 못하므로 잘못된 추론이에요. ②번은, 글에서는 특정 과목에 대한 협력의 필요성을 언급하지 않고, 나누는 일에 대한 설명만 있으므로 잘못된 추론이에요. ④번은, 양보는 글의 주제와 직접적인 관련이 없으므로 잘못된 추론이에요.

이어 **생각하기**

8조각을 낸 피자 한 판을 세 사람이 공평하게 먹으려면 어떻게 나누면 될까요? ( )에 알맞은 수를 쓰세요.

먼저 세 사람이 (   )조각씩 먹는다.

남은 2조각은 각각 (   )등분씩 나누어 먹는다.

이 물질은

과학

이 물질은 철, 구리 같은 금속보다 가볍습니다. 물에 젖지도 않습니다. 무엇보다도 다양한 모양의 물체를 손쉽게 만들 수 있습니다. 컵, 그릇, 바구니, 우산 손잡이를 만들 때 이 물질을 사용합니다. 장점이 많지만, 단점도 많아 사용할 때 사람들을 고민하게 만드는 물질입니다.

위의 글을 읽고 알맞게 추론한 문장을 고르세요.

① 위의 글에서 설명하는 물질은 고무입니다.

② 위의 글에서 설명하는 물질은 유리입니다.

③ 위의 글에서 설명하는 물질은 천연 섬유입니다.

④ 위의 글에서 설명하는 물질은 플라스틱입니다.

앞의 글에서는 철, 구리 같은 금속보다 가볍고, 물에 젖지 않으며, 다양한 모양의 물체를 손쉽게 만들 수 있다고 설명하고 있으므로 ④번이 올바른 추론이에요. ①번은, 고무는 물에 젖지 않는 특성이 있지만, 다양한 모양을 만들 수 있는 면에서 플라스틱보다 제약이 있으므로 잘못된 추론이에요. ②번은, 유리는 다양한 모양을 만들 수 있지만 상대적으로 무겁고 깨지기 쉬운 특성이 있으므로 잘못된 추론이에요. ③번은, 천연 섬유는 물에 젖는 경우가 많고 물체의 형태에 따라 다르므로 잘못된 추론이에요.

이어 **생각하기**

플라스틱의 단점은 무엇일까요? 조사하여 쓰세요.

표준어

국어

잘록 들어간 허리의 뒷부분을 뜻하는 '잔허리'를 '가는 허리'라고 부르고, '날개'를 '나래'라고 부릅니다. '만날'과 '맨날'은 뜻이 같으며 '자장면'과 '짜장면은' 앞의 여섯 단어와 같이 모두 표준어입니다. 표준어는 한 나라에서 공식적으로 쓰는 언어를 뜻합니다. 공적인 자리에서는 표준어를 사용하는 것이 좋습니다. 어느 한 지방에서만 쓰는 말은 표준어가 아닌 방언입니다. 방언은 사적인 자리에서 사용하는 것이 좋습니다.

위의 글을 읽고 알맞게 추론한 문장을 고르세요.

① '가는허리'와 '개미허리'는 뜻이 반대되는 말입니다.

② 뜻이 같지만, 글자가 다른 두 낱말이 모두 표준어인 경우도 있습니다.

③ '공적인 자리'와 '사적인 자리'는 뜻이 같은 말입니다.

④ 표준어가 아닌 방언은 사용하면 안 됩니다.

앞의 글에서 '만날'과 '맨날'이 뜻이 같고 모두 표준어라고 설명하고 있어요. 따라서 '뜻이 같은 두 낱말이 모두 표준어인 경우도 있습니다.'라는 문장은 올바른 추론이에요. 그러므로 ②번이 정답이에요. ①번은, '개미허리'는 매우 가는 허리를 비유적으로 이르는 말이므로 잘못된 추론이에요. ③번은 공적인 자리와 사적인 자리는 뜻이 서로 다르므로 잘못된 추론이에요. ④번은, 앞의 글에서는 방언을 사적인 자리에서 사용하는 것이 좋다고 이야기하고 있지, 방언을 사용하면 안 된다고 말하지 않았으므로 잘못된 추론이에요.

이어 **생각하기**

국어사전을 찾아보고 (   )에 알맞은 말을 쓰세요.

우리나라의 표준어는 교양 있는 사람들이 두루 쓰는

현대 (   )로 정하였다.

피맛골

사회

피맛골은 양반이나 왕의 행차를 피해 돌아가는 뒷골목을 말해요. 조선 시대에는 말을 타고 가던 양반이 으레 자신이 탄 말이 지나가기 전까지 일반 백성이 절하며 땅바닥에 엎드려 있기를 바랐어요. 그러니 양반이 아닌 백성들은 말을 탄 양반이 나타나면 어딘가로 피하려고 했던 거예요. 서울특별시 종로구에는 지금도 피맛골이 있어요.

위의 글을 읽고 알맞게 추론한 문장을 고르세요.

① 피맛골은 양반과 백성과의 관계를 알 수 있는 장소입니다.

② 조선 시대에는 양반이 일반 백성을 차별하지 않았습니다.

③ 일이 급할 때는 양반과 왕도 피맛골로 자주 다녔습니다.

④ 조선의 백성은 왕과 양반을 매우 존경하였습니다.

앞의 글에서 피맛골이 양반과 왕의 행차를 피해 돌아가는 뒷골목이라고 설명하고 있으며, 말을 탄 양반을 보면 땅에 엎드려 절을 했다는 내용이 나와요. 그러므로 ①번이 올바른 추론이에요. ②번은, 일반 백성이 양반을 피하는 행동을 했다는 점에서 양반이 백성을 차별한 내용을 보여주고 있으므로 잘못된 추론이에요. ③번은, 글에서는 양반과 왕이 피맛골을 자주 다닌다는 내용이 없으므로 잘못된 추론이에요. ④번은, 글에서는 백성이 양반을 존경했는지에 대한 내용이 없으며, 오히려 백성이 피하려고 했던 상황을 강조했으므로 잘못된 추론이에요.

이어 **생각하기**

[ ]에 알맞은 한자를 쓰세요.

피맛골은 '말[ ]을 피하는 골목'이다.

나눗셈 식

수학

12÷2=6과 같은 식을 나눗셈 식이라고 합니다. 이 식을 나타내는 여러 표현이 있습니다. 이 식은 다음과 같이 읽습니다. “12 나누기 2는 6과 같습니다.” 또 “12를 2로 나누면 6이 됩니다.”라고도 말합니다. 이 나눗셈 식은 ‘12-6-6=0’과 같이 6씩 2번 덜어내는 것입니다.

위의 글을 읽고 알맞게 추론한 문장을 고르세요.

① 첫째 문장은 글의 흐름에 맞지 않습니다.

② 둘째 문장은 글의 흐름에 맞지 않습니다.

③ 넷째 문장은 글의 흐름에 맞지 않습니다.

④ 마지막 문장은 글의 흐름에 맞지 않습니다.

12÷2=6은 "12에서 2씩 6번 빼면 0이 됩니다."와 같아요. 이를 식으로 나타내면, '12-2-2-2-2-2-2=0'이므로 '6씩 2번'이 아니라, '2씩 6번'이 맞아요. 그러므로 ④번이 올바른 추론이에요. ①번은, 12÷2=6은 나눗셈 식이 맞으므로 잘못된 추론이에요. ②번은, 둘째 문장은 나눗셈의 다른 표현을 알맞게 제시하고 있으므로 잘못된 추론이에요. ③번은, 넷째 문장도 알맞은 나눗셈 식을 설명하고 있으므로 잘못된 추론이에요.

이어 **생각하기**

□에 알맞은 나눗셈 식을 쓰세요.

12-2-2-2-2-2-2=0 → 12÷2=6

16-2-2-2-2-2-2-2-2=0 → □÷□=□

김홍도의 「대장간」

과학

김홍도의 그림 「대장간」에서 가장 큰 사람은 집게를 잡고 있는 집게 대장장이다. 집게의 끝에는 불그스름하게 달구어진 쇳덩어리가 있다. 그 옆에는 두 명의 메질 대장장이가 메를 내리치고 있다. 철은 열이 잘 이동하는데, 뜨거운 쇳덩이를 집게로 집고 있으면 뜨겁지 않았을까?

위의 글을 읽고 알맞게 추론한 문장을 고르세요.

① 집게 대장장이는 쇠가 너무 뜨거워서 잠시만 집고 있었습니다.

② 메질 대장장이는 뜨거운 쇠를 두들겨 더 뜨겁게 만들었습니다.

③ 집게 대장장이는 집게가 덜 뜨겁도록 길게 만들었습니다.

④ 메질 대장장이는 메를 가볍게 하려고 메를 나무로 만들었습니다.

집게를 길게 만들면 집게의 끝에 있는 뜨거운 열이 집게의 손잡이에까지 오는 데 시간이 걸려요. 긴 쇠 집게는 대장장이가 뜨거운 쇳덩이를 집을 때 손이 직접 뜨거운 열에 노출되는 것을 줄일 수 있어요. 그러므로 ③번이 올바른 추론이에요. ①번은, 대장장이가 집게를 잠시만 잡고 있으면 일을 할 수 없으므로 잘못된 추론이에요. ②번은, 주어진 내용에서는 쇳덩이를 더 뜨겁게 만들었다는 정보가 나오지 않으므로 잘못된 추론이에요. ④번은, 나무로 뜨거운 쇠를 내리치면 나무가 타기 때문에 잘못된 추론이에요. 달군 쇠를 내리칠 때는 쇠로 만든 메가 필요해요.

이어 **생각하기**

다음 중 열이 가장 잘 전달되는 물질에 밑줄 치세요.

플라스틱

나무

철

헝겊

매체

국어

매체는 한쪽에서 다른 쪽으로 글, 이미지, 영상 등을 전달하는 도구를 말한다. 매체로 사실과 의견을 전달한다. 따라서 책도 매체고, 스마트폰도 매체다. 텔레비전도 매체고, 컴퓨터도 매체다. 태블릿도 매체고 인터넷도 매체다. 이 매체를 외래어로는 미디어라고 부른다. 이런 매체로 그림책, 만화, 뉴스, 광고, 웹툰, 애니메이션, 영화 등의 매체 자료를 전달한다.

위의 글을 읽고 알맞게 추론한 문장을 고르세요.

① 이 글의 중심 단어는 도구입니다.

② 이 글의 중심 단어는 매체입니다.

③ 이 글의 중심 단어는 매체 자료입니다.

④ 이 글의 중심 단어는 텔레비전 매체입니다.

앞의 글에서는 '매체는 무엇인가?'에 대한 답을 제시했어요. 글에서는 매체를 한쪽에서 다른 쪽으로 글, 그림, 영상 등을 전달하는 도구라고 표현했어요. 이 글의 핵심어는 도구가 아니라 '매체'예요. 그러므로 ②번이 올바른 추론이에요. ①번은, '도구'라는 단어는 매체를 설명하는 요소 중 하나일 뿐, 글 전체의 주제를 대변하지 않으므로 잘못된 추론이에요. ③번은, '매체 자료'는 여러 매체에서 전달할 수 있는 정보의 한 유형이므로 잘못된 추론이에요. ④번은, 텔레비전은 여러 매체의 한 예시일 뿐이므로 잘못된 추론이에요.

이어 **생각하기**

아래는 앞의 글에서 매체를 설명하면서 쓰인 두 낱말입니다.
( )에 알맞은 낱말을 쓰세요.

( )은 실제로 있었던 일이나 현재에 있는 일을 말합니다.

( )은 어떤 대상에 관한 생각을 말합니다.

독도

사회

독도는 여러 가지 이름이 있다. 독도의 옛 이름 '우산도'는 512년 신라에 멸망한 우산국 옆에 있던 섬이다. 조선 시대 초기에는 독도를 '삼봉도'라고 불렀다. 1794년에는 독도를 '가지도'라고 불렀다. 가지는 '바다사자'라는 동물을 말한다. 1900년에는 독도를 섬 자체가 바위로 되어 있다고 '석도'라고 불렀다. 1906년에 '돌섬', '독섬'으로 부르다가 독도라고 불렀다.

위의 글을 읽고 알맞게 추론한 문장을 고르세요.

① 독도의 가장 오래된 이름은 '석도'입니다.

② '우산국'은 가장 오래된 독도의 이름입니다.

③ '독도'라는 말에서 '독'은 바위를 가리키는 말입니다.

④ 독도에는 바다사자들이 살았습니다.

독도가 '가지도'라는 이름으로 불린 이유를 보면, '가지'라고 불렀던 바다사자들이 독도에 많이 살았기 때문이라는 것을 추론할 수 있어요. 그러므로 ④번이 올바른 추론이에요. ①번은, 독도의 가장 오래된 이름은 '우산도'이므로 잘못된 추론이에요. ②번은, '우산국'은 지금의 울릉도이며, 신라 시대에는 '우산국'이라는 나라였으므로 잘못된 추론이에요. ③번은, 이 내용을 직접적으로 뒷받침할 정보가 없으므로 잘못된 추론이에요. 독도(獨島)에서 '독'은 '홀로'라는 뜻이에요.

이어 **생각하기**

독도의 여러 이름 중 잘못된 이름에 밑줄 치세요.

가지도

삼봉도

우산도

석섬

돌섬

32센티미터 털실

수학

32센티미터 털실을 이용해서 가장 큰 정사각형을 하나 만들었습니다. 만든 정사각형의 한 변은 몇 센티미터일까요? 이 문제를 식으로 나타내면, 32÷4=8입니다. 나눗셈의 몫을 구하는 데 곱셈식을 이용할 수 있습니다. 4×8=32입니다. 이 곱셈 식에서 4는 나누는 수가 되고 8은 몫이 됩니다.

위의 글을 읽고 알맞게 추론한 문장을 고르세요.

① 첫째 문장이 중심 문장입니다.

② 셋째 문장이 중심 문장입니다.

③ 넷째 문장이 중심 문장입니다.

④ 여섯째 문장이 중심 문장입니다.

제시한 글의 넷째 문장에서 "나눗셈의 몫을 구하는 데 곱셈 식을 이용할 수 있습니다."라고 언급한 부분은 문제를 해결하기 위한 핵심 내용이에요. 그러므로 ③번이 올바른 추론이에요. ①번은, 첫째 문장은 털실의 길이를 언급하고 있지만, 글의 핵심 질문이나 문제 해결에 대한 직접적인 설명은 포함되어 있지 않아서 잘못된 추론이에요. ②번은, 셋째 문장에서 '32÷4=8' 식을 제시하고 있지만, 문제의 핵심 내용이 아니므로 잘못된 추론이에요. ④번은, 여섯째 문장은 나누는 수와 몫의 관계에 관한 설명이므로 잘못된 추론이에요.

이어 생각하기

72÷9=8을 곱셈 식 2개로 나타내어 (　　)에 쓰세요.

(　　　　　　　　　　　　　　)

(　　　　　　　　　　　　　　)

탱탱볼

과학

탱탱볼을 가지고 논 적이 있나요? 탱탱볼은 탄성이 있어서 단단한 바닥이라면 어디에서나 통통 튀죠. 탱탱볼을 만들어 볼까요? 따뜻한 물이 반쯤 들어 있는 종이컵에 붕사를 두 숟가락 넣고 저어 주세요. 그다음에 깔깔한 촉감의 폴리비닐 알코올 다섯 숟가락을 넣고 저어 주세요. 그러고는 3분 정도 기다리세요. 물질이 엉기고 투명한 알갱이가 점점 커져요. 엉긴 투명한 물질을 꺼내 손으로 비벼 둥글게 만들어 보세요.

위의 글을 읽고 알맞게 추론한 문장을 고르세요.

① 탱탱볼은 물에서도 잘 튑니다.

② 폴리비닐 알코올은 물에 잘 녹습니다.

③ 폴리비닐 알코올은 녹으면서 줄어듭니다.

④ 탱탱볼을 만드는 데 물이 필요하지 않습니다.

앞의 글에서 폴리비닐 알코올이 붕사가 녹은 따뜻한 물에 녹아서 투명한 물질이 된다고 했어요. 따라서, 폴리비닐 알코올은 물에 잘 녹는 성질을 가지고 있다고 추론할 수 있어요. 그러므로 ②번이 올바른 추론이에요. ①번은, 글에서 탱탱볼이 통통 튄다고 설명하고 있지만, 물에서 잘 튄다는 내용은 없으므로 잘못된 추론이에요. ③번은, 폴리비닐 알코올이 물에 녹으면서 물질이 부풀어진다는 내용이 있으므로 잘못된 추론이에요. ④번은, 글에서는 탱탱볼을 만드는 과정에서 물이 사용되었으므로 잘못된 추론이에요.

이어 **생각하기**

탱탱볼의 쓰임에 적절하지 않은 활동에 밑줄 치세요.

장난감 놀이

체육 활동

요리 도구

교육 활동

지질하다

국어

'지질하다'라는 말은 보잘것없고 변변하지 못하다는 뜻이다. 반면에, 제대로 잘 갖추었을 때나 됨됨이나 생김새가 흠이 없을 때나 수준이 보통에 가깝거나 그보다 약간 더할 때는 '어지간하다'라고 말한다. 그런데 문제는 '지질하다'라는 말을 상대방을 비하하기 위해 쓰는 것이다. 표준국어대사전이 아닌 우리말샘 사전에 나오는 '찌질하다'라는 말을 쓰면서 친구를 업신여겨 낮추는 일은 하지 않아야 한다.

위의 글을 읽고 알맞게 추론한 문장을 고르세요.

① '지질하다'와 '변변하다'는 비슷한말입니다.

② '지질하다'와 '어지간하다'는 비슷한말입니다.

③ '비하하다'는 '업신여기다'와 반대되는 말입니다.

④ '찌질하다'라는 말은 친구에게 사용하면 안 됩니다.

앞의 글에서는 '찌질하다'라는 말을 사용하여 친구를 업신여긴다는 내용이 언급되어 있으며, 이러한 비하적 언어 사용에 대해 경계하므로 이 문장이 알맞은 추론이에요. 그러므로 ④번이 올바른 추론이에요. ①번은, 글에서 '지질하다'라는 말은 보잘것없다는 뜻이고 '변변하다'라는 말은 수준이 보통에 가까운 상태를 의미하므로 잘못된 추론이에요. ②번은, '지질하다'가 보잘것없음을 뜻하지만, '어지간하다'라는 말은 평균적 상태를 뜻하므로 잘못된 추론이에요. ③번은, '비하하다'라는 말은 다른 사람을 깎아내리거나 낮추는 뜻으로, '업신여기다'와 뜻이 비슷해요. 그러므로 잘못된 추론이에요.

이어 **생각하기**

'업신여기다'라는 낱말의 뜻을 ( )에 알맞게 쓰세요.

남을 낮추어 보거나 ( ) 여기다.

설문대 할망

국어

설문대 할망은 세상에서 가장 키가 크고 힘이 셌다. 어느 날 설문대 할망이 방귀를 뀌었더니 천지가 만들어졌다. 땅은 불꽃을 내뿜고 굉음을 내며 요동쳤다. 불기둥은 하늘로 치솟았다. 할망은 바닷물과 흙으로 불을 껐다. 그리고 치마폭에 흙을 담아 날라 한라산을 만들었다. 흙을 옮기다가 떨어진 흙은 제주도의 여러 오름이 되었다.

위의 글을 읽고 알맞게 추론한 문장을 고르세요.

① 이 이야기는 제주도에 전해오는 신비로운 이야기입니다.

② 설문대 할망은 신의 도움을 받아 제주도를 만들었습니다.

③ 설문대 할망은 제주도에서 단 하나의 산을 만들었습니다.

④ 설문대 할망이 치마폭으로 바닷물을 날라서 지금의 한라산 백록담에 바닷물이 차 있습니다.

앞의 글에서 이야기의 배경과 이야기의 주제를 보면, 설문대 할망을, 제주도를 처음 만든 신처럼 표현하고 있어요. 설문대 할망은 그리스와 로마 신화에 나오는 신과 같아요. 그러므로 ①번이 올바른 추론이에요. ②번은, 신의 도움에 대한 언급이 없으므로 잘못된 추론이에요. ③번은, 설문대 할망이 한라산을 만들다가 흘린 흙이 오름이 되었으므로 잘못된 추론이에요. 오름은 산을 뜻하는 말이에요. ④번은, 치마폭으로 바닷물을 날랐다는 내용을 글에서 찾을 수 없으므로 잘못된 추론이에요.

이어 **생각하기**

'할망'은 누구를 뜻하는 말일까요? ( )에 ○표하세요.

할아버지 ( )

아버지 ( )

할머니 ( )

어머니 ( )

수학

어림셈

어림셈은 대강 짐작으로 값을 구하는 계산 방법이다. 일상 생활에서 어림하여 곱셈하는 상황은 아주 많다. 스마트폰을 꺼내는 것보다 어림셈이 더 빠르기 때문이다. 곱셈을 정확하게 계산하기 전에 값이 어느 정도 되는지 가늠하는 것도 수준 높은 추론력이다. 410은 300이나 350보다 400에 더 가까우므로 약 400이라고 말한다. 410×3=1230이므로 어림값은 약 1200이다. 410을 3배 곱한 결과를 예측하며, "1,200쯤 된다.", "1,200보다 클 것이다."라고 말할 수 있다.

위의 글을 읽고 알맞게 추론한 문장을 고르세요.

① 어림셈은 매우 정확한 계산 방법입니다.

② 어림셈은 계산 후 나중에 계산하는 방법입니다.

③ 500원짜리 물건 3개를 살 때의 어림셈입니다.

④ 400원보다 몇십 원 많은 물건 3개를 살 때의 어림셈입니다.

410원짜리 물건을 3개 구매할 때, 410을 400으로 어림하여 400×3=1200이라는 계산으로 추론할 수 있어요. 그러므로 ④번이 올바른 추론이에요. ①번은, 어림셈이 '정확한 계산'이 아니라 '대강 짐작한다'라는 점에서 잘못된 추론이에요. ②번은, 어림셈을 '계산 후 나중에 계산하는 방법'이라고 언급했지만, 어림셈은 미리 값을 가늠하는 방법이므로 잘못된 추론이에요. ③번은, 460원짜리 물건을 몇 개 사서 어림셈할 때, 500원으로 어림하므로 잘못된 추론이에요.

이어 **생각하기**

290원짜리 물건 4개를 살 때의 어림셈을 (　　)에 알맞게 쓰세요.

(　　　　)×(　　　　)=(　　　　)

수컷과 암컷

과학

사자 머리에 갈기가 있으면 수컷이고 머리에 갈기가 없으면 암컷입니다. 원앙은 몸 색깔이 화려하면 수컷이고, 몸 색깔이 갈색이고 화려하지 않으면 암컷입니다. 연못에 사는 붕어는 수컷과 암컷의 생김새가 비슷합니다. 곤충인 무당벌레도 암컷과 수컷을 구별하기 어렵습니다. 검은꼬리거미원숭이도 수컷과 암컷의 생김새가 비슷합니다.

위의 글을 읽고 알맞게 추론한 문장을 고르세요.

① 암수가 쉽게 구별되는 동물에 관한 글입니다.

② 암수가 쉽게 구별되는 곤충에 관한 글입니다.

③ 암수가 쉽게 구별되지 않는 동물에 관한 글입니다.

④ 암수가 쉽게 구별되는 동물과 쉽게 구별되지 않는 동물에 관한 글입니다.

앞의 글에서는 사자와 원앙처럼 암수가 쉽게 구별되는 동물과 붕어, 무당벌레, 검은꼬리거미원숭이처럼 암수 구별이 어려운 동물에 대해서도 언급하고 있으므로 ④번이 올바른 추론이에요. ①번은, 암수가 쉽게 구별되는 동물만 다루지 않았으므로 잘못된 추론이에요. ②번은, 곤충(무당벌레)과 관련해 설명하고 있지만, 구별이 어려운 곤충에 관한 내용이므로 잘못된 추론이에요. ③번은, 사자나 원앙같이 암수가 쉽게 구별되는 동물도 설명했으므로 잘못된 추론이에요.

이어 **생각하기**

다음 중 암수가 쉽게 구별되는 동물에 ○표하세요.

곰 (　　)

다람쥐 (　　)

잉어 (　　)

공작 (　　)

봄

국어

융합 국어 교과서 『로로로 초등 국어 3학년』에서 지은이는 봄을 세 가지로 비유했어요. 먼저 봄을, 배턴을 기다리는 이어 달리기 선수에 비유했어요. 그다음에는 봄을 초록 배턴을 쥐고 뛰는 육상 선수로 비유했어요. 마지막으로 봄을 벚꽃 손뼉을 치며 응원하는 관중으로 비유했어요. 나는 봄을 겨울이 지나가는 것을 지켜보는 초록 신호등이라고 생각해요.

위의 글을 읽고 알맞게 추론한 문장을 고르세요.

① 글쓴이는 글을 쓴 사람의 허락을 받고 책 이름을 썼습니다.

② 글쓴이는 다른 사람이 만든 내용을 자신이 만든 것처럼 썼습니다.

③ 글쓴이는 다른 사람이 만든 자료의 출처를 글에 밝혔습니다.

④ 글쓴이는 다른 사람이 쓴 글을 마음대로 고쳤습니다.

앞의 글에서 글쓴이는 『로로로 초등 국어 3학년』의 지은이가 쓴 봄에 대한 비유를 인용하였고, 작품 출처를 명확히 밝혔어요. 인용하는 것은 남의 말이나 글을 자신의 말이나 글 속에 끌어 쓰는 것을 뜻해요. 그러므로 ③번이 올바른 추론이에요. ①번은, 지은이의 허락을 받았다고 명시되어 있지 않으므로 잘못된 주장이에요. 이런 내용은 지은이의 허락을 받지 않아도 돼요. ②번은, 인용된 내용을 글쓴이가 자신이 만든 것처럼 표현하지 않았으므로 잘못된 추론이에요. ④번은, 글에 나온 내용이 다른 사람의 글을 마음대로 고쳤다고 보기는 어렵기 때문에 잘못된 추론이에요.

이어 **생각하기**

□에 알맞은 낱말을 쓰세요.

□□□: 문학, 예술, 학문, 기술 등에 속하는 창작물을 만든 사람이 가지는 권리.

국가유산

사회

'국가유산기본법'에는 국가유산이 우리 삶과 창의성의 뿌리이며 국가유산이 인류 모두의 것임을 아는 게 중요하다고 적혀 있다. 따라서 우리는 국가유산의 가치를 잘 지켜 미래 세대에 더욱 가치 있게 전해 주어야 한다. '국가유산'은 인위적*이거나 자연적으로 형성된 국가적, 민족적, 세계적 유산으로서 역사적, 예술적, 학술적*, 경관적* 가치가 큰 문화유산, 자연유산, 무형유산을 말한다.

위의 글을 읽고 알맞게 추론한 문장을 고르세요.

① 경주 불국사는 자연유산입니다.

② 종묘 제례악은 자연유산입니다.

③ 환선굴은 무형유산입니다.

④ 창덕궁은 국가유산입니다.

창덕궁은 국가유산에 해당하는 적절한 예시로, 대한민국의 유네스코 세계문화유산으로 지정되어 있어요. 그러므로 ④번이 올바른 추론이에요. ①번은, 경주 불국사는 자연유산이 아닌 문화유산으로 분류되므로 잘못된 추론이에요. ②번은, 종묘 제례악은 전통 음악으로서, 형태가 없는 무형유산으로 분류되므로 잘못된 추론이에요. ③번은, 환선굴은 5억 3천만 년에 생긴 자연유산이므로 잘못된 추론이에요.

이어 생각하기

다음 중 국가유산에 포함되지 않는 유산에 밑줄 치세요.

문화유산

자연유산

무형유산

유형유산

* 인위적: 자연의 힘이 아닌 사람의 힘으로 이루어진.
* 학술적: 학문과 기술에 관한 것.
* 경관적: 산, 들, 강, 바다와 같은 자연이나 지역의 풍경을 띤.

두 자리 수

수학

십의 자리 수가 각각 다른 두 자리 수 다섯 개가 있다. 이 수 가운데 하나를 2로 곱하였더니 계산한 값의 가장 작은 수는 100이었다. 나머지 4개의 두 자리 수를 크기가 작은 숫자부터 차례대로 2를 곱했더니, 그 값은 22씩 증가했다. 다섯 개의 가장 큰 두 자리 수에 2를 곱한 값은 무엇일까?

위의 글을 읽고 알맞게 추론한 문장을 고르세요.

① 가장 큰 두 자리 수에 2를 곱한 값은 188입니다.

② 가장 큰 두 자리 수에 2를 곱한 값은 166입니다.

③ 가장 큰 두 자리 수에 2를 곱한 값은 144입니다.

④ 가장 큰 두 자리 수에 2를 곱한 값은 122입니다.

앞의 글을 표로 나타내면 다음과 같아요.

×	50	61	72	83	94
2	100	122	144	166	188

그러므로 ①번이 올바른 추론이에요. 숫자와 글이 있는 수학 추론하기 문제를 풀 때는 글을 읽으면서 떠오르는 내용을 위와 같이 표로 나타내는 것이 좋아요. 표를 보면, 문제를 더 쉽고 빠르게 해결할 수 있어요. 표를 이용하지 않고, 짐작해서 문제를 해결할 수도 있어요. 곱한 수의 값이 22씩 증가한다고 했으므로, 22×4=88이므로, 100에 88을 더하면 188이 돼요.

이어 **생각하기**

문제를 읽고 (　　)에 알맞은 수를 쓰세요.

수 카드 3, 5, 7을 한 번씩만 사용하여 만들 수 있는 (두 자리 수)×(한 자리 수)의 곱셈 식을 만들어 곱을 구했을 때 가장 큰 값을 쓰세요.

(　　　　)×(　　　　)=(　　　　)

탈바꿈

과학

완전 탈바꿈을 하는 곤충에는 벌, 개미, 나비, 나방, 빈대, 파리, 풍뎅이, 무당벌레 등이 있다. 불완전 탈바꿈을 하는 곤충에는 매미, 사마귀, 메뚜기, 잠자리, 노린재, 방아깨비, 하루살이 등이 있다. 완전 탈바꿈을 하는 곤충은 어른벌레가 낳은 알이 자라 애벌레가 된다. 애벌레가 자라면 다시 번데기가 된다. 번데기가 자라면 어른벌레가 된다. 불완전 탈바꿈을 하는 곤충은 알로부터 시작하며 애벌레의 시기를 거쳐서 어른벌레가 된다.

위의 글을 읽고 알맞게 추론한 문장을 고르세요.

① 배추흰나비는 불완전 탈바꿈을 하는 곤충입니다.

② 고추잠자리는 완전 탈바꿈을 하는 곤충입니다.

③ 무당벌레는 애벌레의 시기를 거치지 않습니다.

④ 방아깨비는 번데기의 시기를 거치지 않습니다.

방아깨비는 불완전 탈바꿈을 하는 곤충으로 번데기 단계를 거치지 않아요. 그러므로 ④번이 올바른 추론이에요. ①번은, 배추흰나비는 완전 탈바꿈을 하는 곤충이므로 잘못된 추론이에요. ②번은, 고추잠자리 역시 불완전 탈바꿈을 하는 곤충이므로 잘못된 추론이에요. ③번은, 무당벌레가 애벌레의 시기를 거치지 않는다는 추론은 틀렸어요. 무당벌레는 완전 탈바꿈을 하며, 이 과정에서 반드시 애벌레의 시기를 거쳐요.

이어 **생각하기**

앞의 글을 다시 읽고 ( )에 알맞은 낱말을 쓰세요.

완전 탈바꿈 곤충은 '알 → 애벌레 → (   )' 과정을 거쳐 어른벌레가 된다.

불완전 탈바꿈 곤충은 '알 → (   )' 과정을 거쳐 어른벌레가 된다.

소금

국어

소금은 우리가 음식을 맛있게 먹을 수 있게 도와줘요. 소금은 바다나 육지에서 얻을 수 있어요. 사람 몸에는 소금이 꼭 필요해서 너무 부족하면 생명이 위태로울 수 있어요. 하지만 많이 먹으면 건강을 해쳐요. 우리가 먹는 김치, 국에도 소금을 넣어요. 음식을 먹을 때는 소금을 적당히 넣는 게 중요해요.

위의 글을 읽고 알맞게 추론한 문장을 고르세요.

① 첫째 문장은 사실을 나타낸 문장입니다.

② 둘째 문장은 의견을 나타낸 문장입니다.

③ 다섯째 문장은 의견을 나타낸 문장입니다.

④ 여섯째 문장은 의견을 나타낸 문장입니다.

앞에 있는 글의 여섯째 문장인 "음식을 먹을 때는 소금을 적당히 넣는 게 중요해요."라는 말은 사람의 생각이나 판단이 들어간 말이라서 의견이에요. 그러므로 ④번이 올바른 추론이에요. ①번은, '맛있게'라는 표현이 들어 있어서 사람마다 다르게 느낄 수 있는 의견으로 보는 것이 알맞아서 잘못된 추론이에요. ②번은, 사람들이 실제로 소금을 바다와 땅에서 얻기 때문에 둘째 문장은 사실이에요. 그러므로 잘못된 추론이에요. ③번은, 우리가 먹는 김치, 국에도 소금을 넣기 때문에 사실을 쓴 문장이므로 잘못된 추론이에요.

이어 생각하기

아래 문장들을 읽고 (   )에 '사실'과 '의견'을 구분하여 쓰세요.

소금은 너무 짜서 먹지 말아야 한다. (   )

소금은 짠맛 나는 조미료이다. (   )

국에 소금을 조금 넣으면 더 맛있다. (   )

교통수단과 통신 수단

사회

옛날에는 한나절이 걸리도록 당나귀를 탔지만, 오늘날은 버스를 타면 금방 시장에 갈 수 있다. 가마꾼이 가마를 메는 모습은 전통 혼례 때나 볼 수 있는 풍경이다. 돛단배는 찾아보기 힘들고, 쾌속선은 나라 사이를 오간다. 비행기를 타면 한나절에 태국이나 싱가포르에 갈 수 있다. 편지 하나를 전하려고 한 달 넘게 걸을 필요도 없다. 스마트폰으로 얼굴을 마주 보고 대화를 나눌 수 있다. 봉수대에서 연기나 횃불을 피우지 않아도 텔레비전과 라디오는 큰 사건을 순식간에 모든 국민에게 알린다.

위의 글을 읽고 알맞게 추론한 문장을 고르세요.

① 교통수단과 통신 수단은 변화하지 않았습니다.

② 쾌속선은 나라 사이를 오고 가는 비행기입니다.

③ 배는 외국으로 이동하는 가장 빠른 교통수단입니다.

④ 스마트폰은 개인이 사용하는 통신 수단입니다.

앞의 글에서 스마트폰으로 얼굴을 마주 보고 대화를 나눌 수 있다고 했어요. 이 내용을 바탕으로 스마트폰이 개인이 사용하는 통신 수단이라는 것을 추론할 수 있어요. 그러므로 ④번이 올바른 추론이에요. ①번은, 글 전체의 중심 내용은 교통수단과 통신 수단이 많이 발전했다는 것이에요. 옛날에는 당나귀, 봉수대 등을 썼지만 지금은 버스, 비행기, 스마트폰, 텔레비전 등을 사용해요. 그러므로 잘못된 추론이에요. ②번은 쾌속선은 나라 사이를 오가지만, 비행기가 아닌 배이므로 잘못된 추론이에요. ③번은, 비행기를 타면 한나절에 태국과 싱가포르에 간다고 했으므로 배보다 비행기가 더 빠른 교통수단이에요. 그러므로 잘못된 추론이에요.

이어 생각하기

다음 중 옛날의 통신 수단에 모두 ○표하세요.

봉수대 (　　)

돛단배 (　　)

연 (　　)

가마 (　　)

시간과 거리

수학

동생과 내가 집에서 출발한 시각을 적었다. 그리고 내가 걸어서 아버지의 일터까지 가는 거리와 시간도 쟀다. 동생은 9시 45분 30초에 집에서 출발했고, 나는 9시 47분 40초에 출발했다. 동생과 내가 아버지가 계시는 밭에서 아버지와 만난 시각은 10시 1분 10초였다. 내가 걸어간 거리는 1,149 미터였다.

위의 글을 읽고 알맞게 추론한 문장을 고르세요.

① 동생은 나보다 집에서 130초 먼저 출발했습니다.

② 나와 동생이 걸어간 거리는 합쳐서 2킬로미터가 안 됩니다.

③ 나는 동생보다 더 많은 시간 동안 걸었습니다.

④ 나와 동생은 서로 다른 시각에 아버지를 만났습니다.

앞의 글에서 내가 걸은 시간을 계산하면 '10시 1분 10초-9시 47분 40초=13분 30초=810초'이고, 동생이 걸은 시간을 계산하면, '10시 1분 10초-9시 45분 30초=15분 40초=940초'이므로, 동생이 나보다 집에서 130초 먼저 출발했어요. 그러므로 ①번이 올바른 추론이에요. ②번은, 내가 걸은 거리(1,149m)는 나왔지만, 동생의 거리는 주어지지 않아 정확한 합계 거리를 알 수 없으므로 잘못된 추론이에요. ③번은, 나는 810초, 동생은 940초 걸었으므로 잘못된 추론이에요. ④번은, 글에 10시 1분 10초에 같이 만났다고 쓰여 있으므로 잘못된 추론이에요.

이어 **생각하기**

( )에 알맞은 수를 쓰세요.

한 누에고치에서 뽑는 실이 1,500미터였다. 이 길이를 킬로미터로 나타내면 ( )km이다.

애플파이

수학

애플파이는 칼로리가 높아서 매우 잘게 잘라서 먹어야 해요. 그래서 나는 애플파이의 한가운데를 중심으로 해서 부채꼴 모양으로 잘랐어요. 전체 조각 수는 12개였어요. 동생이 그때 문제를 냈어요.

"누나, 애플파이 한 판을 1로 할 때, 0.4보다 크고 0.6보다 작은 소수를 만들려면 애플파이 몇 조각이 필요할까? 소수는 소수점 첫째 자리까지만 나타내야 해."

위의 글을 읽고 알맞게 추론한 문장을 고르세요.

① 정답은 애플파이 4조각입니다.

② 정답은 애플파이 5조각입니다.

③ 정답은 애플파이 6조각입니다.

④ 정답은 애플파이 8조각입니다.

애플파이는 12조각으로 나뉘어 있어요. 0.4보다 크고 0.6보다 작은 소수는 0.5예요. 0.5는 1의 절반, 즉 전체의 $\frac{1}{2}$과 같으므로, 전체 12개 중에서 6개이고 분수로는 $\frac{6}{12}$이에요. 그러므로 ③번이 올바른 추론이에요. ①번은, 4조각이므로, $\frac{4}{12}$는 소수 0.5가 되지 않으므로 잘못된 추론이에요. ②번과 ④번도 각각 $\frac{5}{12}$, $\frac{8}{12}$이므로, 잘못된 추론이에요.

이어 **생각하기**

0.5와 같은 크기인 분수 여섯 개를 쓰세요.

지구와 달

과학

지구의 표면에는 바다, 산, 들, 강 등이 있습니다. 달의 표면에서 어둡게 보이는 부분을 '달의 바다'라고 부릅니다. 달 표면에는 분화구 모양의 크고 작은 구덩이가 있습니다. 지구 표면의 7할은 바다로 덮여 있습니다. 바닷물은 너무 짜서 사람이 마실 수 없습니다. 지구에는 공기가 있어 생명이 살 수 있습니다. 지구는 물, 공기, 알맞은 온도 등 생물이 살기에 적절한 환경을 갖추고 있습니다. 달에는 물과 공기가 없고 생명이 살지 않습니다.

위의 글을 읽고 알맞게 추론한 문장을 고르세요.

① 달에는 지구에 있는 바다가 있습니다.

② 지구는 바다가 땅보다 더 넓습니다.

③ 지구에는 분화구 모양의 구덩이가 없습니다.

④ 달에서는 지구에서처럼 연을 날릴 수 있습니다.

지구에서 바다가 땅보다 더 넓다는 내용은 사실이에요. 7할은 전체의 70%를 나타내는 분량이에요. 그러므로 ②번이 올바른 추론이에요. ①번은, '달의 바다'는 실제 바다가 아니라 어둡게 보이는 부분을 가리키는 말이에요. 지구의 바다와는 다르므로 잘못된 추론이에요. ③번은, 분화구 모양은 '달 표면에' 있다고 했으므로 지구에 없다고 단정할 수 없어요. 그러므로 잘못된 추론이에요. 지구에는 수많은 분화구가 있어요. 분화구에서는 용암과 화산 가스가 나와요. ④번은, 달에는 공기가 없어 연을 날릴 수 없으므로 잘못된 추론이에요.

이어 **생각하기**

지구에는 있고 달에는 없는 물질 두 가지를 □에 쓰세요.

□□와 □

별

국어

나는 지금 혼자
그네 타는 내 그림자와 함께
우리가 보았던 별을 봐.
우리가 저 별을 함께 보길 잘했어.
저 별이 지금 나에게 반짝이듯
너에게도 반짝였으면 좋겠어.
우리가 저 별을 함께 보길 잘했어.

위의 시를 읽고 알맞게 추론한 문장을 고르세요.

① 말하는 이는 친구를 미워하고 있습니다.

② 말하는 이는 친구와 함께 별을 보며 기뻐합니다.

③ 말하는 이는 별을 보며 친구가 자신을 잊은 것을 슬퍼합니다.

④ 말하는 이는 친구와 함께한 추억을 소중히 여기며, 그 친구도 그때를 기억하길 바랍니다.

이 시에서, 말하는 이는 지금 혼자서 별을 보고 있어요. 예전에 친구와 함께 별을 봤던 소중한 기억을 떠올리며 그 친구도 그때를 잊지 않고 기억해 줬으면 하는 따뜻한 마음을 전하고 있어요. 그러므로 ④번이 올바른 추론이에요. ①번은, '친구를 미워한다.'라는 내용은 시에 없어요. 말하는 이는 친구를 그리워하고 있어요. 그러므로 잘못된 추론이에요. ②번은, 말하는 이는 지금 혼자 있고, 함께 별을 보며 기뻐하는 장면은 아니므로 잘못된 추론이에요. ③번은, 슬프기보다는, 친구도 별을 보며 같은 추억을 기억하길 바라는 따뜻한 마음이 담겨 있으므로 잘못된 추론이에요.

이어 **생각하기**

앞의 시에서 말하는 이는 지금 어디에서 별을 보고 있나요? 알맞지 않은 장소에 밑줄 치세요.

놀이터

초등학교 운동장

아파트 지하 주차장

어린이 공원

환경

사회

생물에게 직접적으로, 또는 간접적으로 영향을 주는 자연적 조건이나 사회적 상황을 환경이라고 말한다. 인간 생활을 둘러싸고 있는 자연의 모든 요소가 이루는 환경을 자연환경이라고 말한다. 자연은 사람의 힘이 더해지지 않고 저절로 생겨난 산, 강, 바다, 식물, 동물 따위의 존재를 말한다. 인문 환경은 지구의 표면 위에서 인간 활동의 결과로 만들어진 환경을 말한다. 인문은 인류의 문화라고도 말한다.

위의 글을 읽고 알맞게 추론한 문장을 고르세요.

① 자연환경은 인간의 활동으로는 변화하지 않습니다.

② 인문 환경은 자연의 모든 요소로 이루어집니다.

③ 인문 환경은 서귀포시 동쪽에 있는 정방 폭포를 예로 들 수 있습니다.

④ 자연환경은 유네스코가 세계유산으로 지정한 한국의 갯벌이 그 예입니다.

자연환경은 사람들이 만든 것이 아니라, 자연 그대로 생기는 것이에요. 눈, 비, 우박, 태풍도 자연환경이에요. 유네스코가 지정한 한국의 갯벌은 대표적인 자연환경이에요. 그러므로 ④번이 올바른 추론이에요. ①번은, 인간의 활동은 자연환경에도 상당한 영향을 미칠 수 있으므로 잘못된 추론이에요. ②번은, 인문 환경은 인간 활동의 결과로 만들어진 것이므로 잘못된 추론이에요. ③번은, 정방 폭포는 제주도에 있는 자연 그대로의 폭포이므로 자연환경이에요. 그러므로 잘못된 추론이에요.

이어 **생각하기**

앞의 글을 다시 읽고 ( )에 알맞은 낱말을 쓰세요.

강, 산, 들, 화산, 바다는 (   )환경이며,

논, 밭, 공원, 아파트, 축구장은 (   ) 환경이다.

탐구

과학

동식물을 직접 보살펴서 자라게 하면 동식물에게서 나타나는 현상이나 성장 과정, 적합한 환경을 알 수 있다. 콩나물은 어떻게 자랄까? 강아지는 어떻게 성장할까? 빵의 종류에 따라 곰팡이가 붙고 늘어서 많이 퍼지는 정도가 달라질까? 흙에서 키운 감자와 물에서 키운 감자는 무엇이 다를까? 이런 질문은 탐구력을 높이는 데 도움이 된다.

위의 글을 읽고 알맞게 추론한 문장을 고르세요.

① 관찰 중심의 탐구에 관한 글입니다.

② 실험 중심의 탐구에 관한 글입니다.

③ 조사 중심의 탐구에 관한 글입니다.

④ 기르기 중심의 탐구에 관한 글입니다.

앞의 글에서는 콩나물, 강아지, 감자 등의 동식물을 직접 기르고 돌보는 과정을 통해 성장 과정, 적합한 환경, 변화 등을 알아가는 활동을 강조하고 있어요. 이것은 관찰이 아니라 기르는 활동을 바탕으로 한 탐구이므로 ④번이 올바른 추론이에요. ①번은, 관찰도 탐구의 중요한 방법이지만, 이 글은 직접 기르는 활동을 통해 알아보는 내용을 강조하므로 잘못된 추론이에요. ②번은, 실험은 조건을 조절하며 결과를 비교하는 활동인데, 이 글은 자연스러운 성장 과정을 관찰하고 알아보는 것이므로 잘못된 추론이에요. ③번은, 조사는 자료를 찾거나 정보를 정리하는 활동이므로 잘못된 추론이에요.

이어 **생각하기**

앞의 글을 참고하여 (   )에 알맞은 낱말을 쓰세요.

강낭콩 5개를 준비하여, 각각을 다른 색 셀로판지(빨강, 파랑, 초록, 노랑, 투명)로 덮은 상자 안에 넣고 같은 양의 물을 주었다. 빛의 색만 다르게 해서 2주 동안 키우며 매일 같은 시간에 줄기 길이와 잎의 수를 기록했다. 이는 (   ) 중심의 탐구 방법이다.

빠정소

국어

빠정소를 하는 날이다. '**빠**르고 **정**확하게 **소**리 내어 읽기'를 성공하는 친구가 한 명이라도 나오길 기도했다. 한 명이라도 성공하면 책을 덮고 바로 신나는 놀이를 할 수 있다.

"읽고 싶은 것만 읽으면 안 돼요. 눈으로만 읽는 목독도 좋고, 소리를 내지 않고 마음속으로 읽는 묵독도 좋은데, 그렇게만 읽으면 읽고 싶은 것만 읽게 돼요. 그래서 가끔 빠정소를 하는 거예요."

선생님의 말씀을 듣고, 오늘 읽을 교과서를 펼쳤다.

위의 글을 읽고 알맞게 추론한 문장을 고르세요.

① 선생님은 묵독보다 소리 내어 읽기가 중요하다고 생각합니다.

② 목독과 묵독은 읽기 방법과 뜻이 반대되는 말입니다.

③ 선생님은 글을 빠트리지 않고 읽게 하려고 빠정소를 합니다.

④ 빠정소는 학생이 원하면 매일매일 실시합니다.

앞의 글에서 선생님께서는 "읽고 싶은 것만 읽으면 안 돼요.", "그래서 빠정소를 하는 거예요."라고 말씀하셨어요. 이 말은 학생들이 읽고 싶은 부분만 골라 읽는 걸 막기 위해 빠정소를 한다는 뜻이에요. 그러므로 ③번이 올바른 추론이에요. ①번은, 소리 내어 읽는 것이 묵독보다 낫다는 내용이 없으므로 잘못된 추론이에요. "목독도 좋고, 묵독도 좋다."고 말했어요. ②번은, 목독과 묵독은 뜻이 비슷한 말이므로 틀린 추론이에요. ④번은, 글에서는 빠정소를 정해진 날에만 실시하는 것처럼 보이므로 잘못된 추론이에요.

이어 **생각하기**

'빠정소'의 장점으로 알맞지 않은 문장에 밑줄 치세요.

글을 정확하게 소리 내어 읽는지 알 수 있다.

글을 소리 내어 읽으면 틀린 발음을 알아차릴 수 있다.

목독보다 글을 더 빠르게 읽을 수 있다.

자신의 읽기 능력을 잘 점검할 수 있다.

지형

사회

서해 인천 앞바다를 (가) 지점, 강원도 강릉 동해 앞바다를 (나) 지점으로 정했을 때, (가)와 (나) 구간의 땅 모양을 추론하기 위해 평면으로 잘랐다면 어떤 모양일까? (가)와 (나) 구간에 있는 산을 (가) 지점에서부터 차례대로 보면, 강화도의 마니산은 472미터, 서울과 경기도에 있는 북한산은 836미터, 강원도에 있는 오대산은 1,565미터이다.

위의 글을 읽고 알맞게 추론한 문장을 고르세요.

① (가)에서 (나)로 갈수록 점점 낮은 산이 나타납니다.

② (가)에서 (나)까지 이어지는 단면도*는 완전히 평평합니다.

③ (가)에서 (나) 사이 지형은 점점 높아지다가 다시 낮아지는 형태입니다.

④ (가)와 (나)는 둘 다 낮은 갯벌에 위치합니다.

앞의 글에 제시한 산들의 높이를 보면, 마니산(472m) → 북한산(836m) → 오대산(1,565m) 순으로 점점 높아지고 있어요. 하지만 (나) 지점인 강릉 동해 앞바다는 바닷가이므로 마지막에 급격히 낮아지게 돼요. 따라서 (가)와 (나) 구간의 지형은 점점 높아지다가 다시 낮아지는 형태의 단면도가 돼요. 그러므로 ③번이 올바른 추론이에요. ①번은, 산의 높이는 점점 높아지고 있으므로 잘못된 추론이에요. ②번은, 산들이 있어 단면이 평평하지 않고 기복이 큰 지형이므로 잘못된 추론이에요. ④번은, (가)와 (나)는 모두 앞바다, 즉 바닷가이므로 잘못된 추론이에요.

이어 **생각하기**

앞의 글을 다시 읽고 (   )에 알맞은 방향을 쓰세요.

우리나라 지형은 대체로 (   )쪽보다 (   )쪽이 더 높다.

* 단면도: 물체를 평면으로 잘랐다고 가정하여 그 내부 구조를 나타낸 그림.

나누기

수학

콩 주머니 87개를 7명이 똑같이 나누어 가지려고 한다. 1명이 몇 개씩 가질 수 있을까? 또 색종이 264장을 4명이 똑같이 나누어 가지려고 한다. 1명이 몇 장을 가질 수 있을까? 이 두 문제를 푸는 과정을 비교해서 설명해 보자.

위의 글을 읽고 알맞게 추론한 문장을 고르세요.

① 두 개의 식 중에서 하나는 곱셈 식으로 계산해야 합니다.

② 두 문제의 계산 결과를 보면 모두 나머지가 없습니다.

③ (몇십몇)÷(몇)과 (세 자리 수)÷(한 자리 수)를 구하는 문제입니다.

④ 두 문제의 계산 결과로 얻은 몫은 같습니다.

앞글의 문제에서 다루는 87÷7은 두 자리 수(몇십몇)를 한 자리 수(몇)로 나누는 나눗셈이고, 264÷4는 세 자리 수를 한 자리 수로 나누는 나눗셈이므로 ③번이 올바른 추론이에요. ①번은, 두 문제 모두 나눗셈 문제이며, 곱셈으로 푸는 것은 아니므로 잘못된 추론이에요. ②번은, 87÷7=12…3이므로, 나머지가 있어요. 그러므로 잘못된 추론이에요. 264÷4=66은 나머지가 없어요. ④번은, 87÷7과 264÷4의 몫이 다르므로 잘못된 추론이에요.

이어 **생각하기**

아래의 문제를 나눗셈 식으로 쓰세요.

색종이 370장을 9명에게 똑같이 나누어 주려고 한다. 2명에게 색종이를 몇 장씩 줄 수 있을까? 그리고 몇 장이 남을까?

펭귄

과학

펭귄의 몸은 가죽처럼 매끈해 보이지만, 사실은 아주 촘촘한 깃털로 덮여 있다. 깃털은 짧고 단단하며 깃털 속에 있는 솜털은 보온 효과를 높여 준다. 펭귄은 기름샘에서 나오는 기름을 부리로 발라 깃털에 골고루 묻혀 방수 기능을 유지한다. 바다에 들어갔다 나와도 물방울이 깃털 위를 또르르 흘러내린다. 털갈이 시기에는 깃털이 빠져 방수 기능이 약해진다. 이때는 사냥도 하지 못하므로, 펭귄은 미리 몸에 저장한 지방으로 에너지를 보충한다.

위의 글을 읽고 알맞게 추론한 문장을 고르세요.

① 펭귄은 물에서 사는 동물로 분류해야 합니다.

② 펭귄의 깃털은 방수 기능만을 가지고 있습니다.

③ 펭귄은 털갈이하기 전부터 먹이 활동을 하지 않습니다.

④ '이런 깃털 덕분에 펭귄은 추운 남극에서도 생존할 수 있다.'라는 문장을 이어서 쓸 수 있습니다.

앞의 글은 펭귄 깃털의 보온성과 방수 기능, 털갈이에 관해 설명하고 있어요. 마지막 문장에서 "펭귄은 미리 몸에 저장한 지방으로 에너지를 보충한다."라고 했으므로 펭귄이 혹독한 남극 환경에서도 살아갈 수 있는 이유가 깃털 덕분임을 말하고 있어요. 그러므로 ④번이 올바른 추론이에요. ①번은, 펭귄은 먹이 활동을 물에서 하지만 땅에서 주로 생활하므로 잘못된 추론이에요. ②번은, 깃털은 보온 기능도 함께 갖고 있으므로 잘못된 추론이에요. ③번은, 털갈이 시기에 사냥하지 못하므로 털갈이 전에는 먹이를 더 많이 먹어야 해요. 그러므로 잘못된 추론이에요.

이어 **생각하기**

펭귄은 어떤 종류의 동물일까요? 알맞은 문장에 ○표하세요.

펭귄은 포유류이다. (　　)

펭귄은 어류이다. (　　)

펭귄은 조류이다. (　　)

펭귄은 파충류이다. (　　)

삼 년 고개

국어

삼 년 고개에서 한 노인이 넘어지고 말았어요. 사람들은 "이제 저 노인은 3년밖에 못 살 거야."라며 걱정했지요. 그때 한 아이가 노인에게 다가와 말했어요.

"할아버지, 이 고개를 세 번 넘어지면 3년씩 더 살 수 있어요."

노인은 웃으며 다섯 번 더 넘어졌고, 사람들도 손뼉을 쳤어요. 그 뒤로 노인은 병 없이 오래오래 살았어요.

위의 글을 읽고 알맞게 추론한 문장을 고르세요.

① 다른 관점으로 생각하는 것이 필요하다는 이야기입니다.

② 상대방을 배려하는 사람은 복을 받는다는 이야기입니다.

③ 지혜로운 사람과 친하게 지내면 복을 받는다는 이야기입니다.

④ 노인도 아이에게 지혜를 배운다는 이야기입니다.

앞의 글은 '삼 년 고개'에서 넘어지면 3년밖에 못 산다는 속설을 아이의 슬기로운 말 한마디로 완전히 상황을 바꾼 이야기예요. 이 이야기는 다른 관점으로 생각하는 힘의 중요성을 보여줘요. 그러므로 ①번이 올바른 추론이에요. ②번은, 아이가 배려심은 있었지만, 이 이야기는 배려보다는 생각의 전환에 초점이 있으므로 잘못된 추론이에요. ③번은, 노인이 복을 받은 건 아이와 친해서가 아니라, 아이의 재치로 인해 새로운 관점을 받아들였기 때문이므로 잘못된 추론이에요. ④번은, 일부분은 맞지만, 한 가지 사례를 보고, 나이 많은 어른이 어린아이에게 배운다고 판단했으므로 잘못된 추론이에요.

이어 **생각하기**

아래의 뜻풀이를 읽고 '관점'과 비슷한 낱말에 ○표하세요.

관점: 사물이나 현상을 관찰할 때, 그 사람이 보고 생각하는 태도나 방향 또는 처지.

습관 (　　)　관찰 (　　)　시각 (　　)　방향 (　　)

사회

이 도시의 평균 기온은?

1월 평균 기온은 영하 0.5도이고, 2월 평균 기온은 영상 3.8도예요. 3월 평균 기온은 영상 7도이고, 4월 평균 기온은 영상 16.3도예요. 5월과 6월 평균 기온은 각각 영상 18.5도, 영상 24.6도예요. 7월과 8월 평균 기온은 영상 26.6도, 영상 29.3도예요. 9월과 10월 평균 기온은 영상 25.5도, 영상 16.7도예요. 11월과 12월 평균 기온은 영상 9.7도, 영상 0.8도예요.

위의 글을 읽고 알맞게 추론한 문장을 고르세요.

① 광주광역시의 1월 평균 기온이 영상 3도라면 윗글의 도시는 광주광역시보다 남쪽에 있는 도시입니다.

② 윗글의 도시는 여름과 겨울의 평균 기온 차가 뚜렷하지 않습니다.

③ 윗글의 도시는 계절에 따라 평균 기온 차이가 크지 않습니다.

④ 윗글의 도시는 봄인 4월과 가을인 10월의 평균 기온 차가 작습니다.

앞의 글에서 설명하는 도시는 서울이에요. 서울의 4월 평균 기온은 영상 16.3도이고, 10월 평균 기온은 영상 16.7도이므로 두 달의 평균 기온 차는 0.4도밖에 안 돼요. 계절은 달라도 기온이 비슷해요. 그러므로 ④번이 올바른 추론이에요. ①번은, 서울은 1월 평균 기온이 영하 0.5도로, 남쪽에 있는 광주보다 훨씬 낮으므로 광주보다 북쪽에 있는 도시예요. 그러므로 잘못된 추론이에요. ②번은, 1월은 영하 0.5도, 8월은 영상 29.3도로 약 30도 차이가 나므로 매우 뚜렷하게 기온 차이가 나요. 그러므로 잘못된 추론이에요. ③번은, 앞의 수치를 보면 계절별로 기온 변화가 크므로 이 역시 잘못된 추론이에요.

이어 생각하기

앞의 글에서 밝힌 서울의 평균 기온 중 가장 낮은 기온과 높은 기온을 (　)에 쓰세요.

가장 낮은 기온: (　　　　　　　　　　　　)

가장 높은 기온: (　　　　　　　　　　　　)

트랙

수학

트랙을 보면 가슴이 뛴다. 달리고 싶기 때문이다. 그런데 트랙에는 곡선 구간이 있다. 우리 학교 트랙은 두 직선 구간이 각각 80미터이다. 곡선 구간의 길이는 어림하기도 어렵다. 그런데 궁금한 점이 하나 생겼다. 우리 학교의 트랙은 1번 라인과 2번 라인이 있다. 곡선 구간에는 하얀색이 칠해져 있다. 곡선 구간을 만들기 위해 몇 개의 반원이 필요했을까?

위의 글을 읽고 알맞게 추론한 문장을 고르세요.

① 2개가 필요합니다.

② 4개가 필요합니다.

③ 6개가 필요합니다.

④ 8개가 필요합니다.

앞의 글에서 트랙은 곡선과 직선 구간에서 2개로 이루어져 있어요. 1번 라인과 2번 라인이 있다는 것은 달릴 수 있는 통로가 2개라는 뜻이에요. 이 트랙의 두 라인을 종이에 그려 보세요. 라인을 구분하기 위해서는 트랙에 선이 3개 필요하고, 이 선들은 양쪽 곡선 구간에도 각각 3개씩 반복해서 그려야 하므로 6개가 필요해요. 따라서 ③번이 올바른 추론이에요. ①번은, 곡선 구간이 2개이긴 하지만, 라인마다 선을 따로 그려야 하므로 잘못된 추론이에요. ②번은, 곡선 트랙이 2곳이고 각 구간에 선을 2개씩 그린다고 생각하지만, 라인이 2개라면 선은 3개가 필요하므로 잘못된 추론이에요. ④번은, 곡선의 선을 너무 과하게 추정한 수치이므로 잘못된 추론이에요.

이어 **생각하기**

(　　)에 알맞은 수를 쓰세요.

트랙을 그릴 때, 라인을 6개를 그린다면 반원은 모두 (　　　)개가 필요하다.

동물

과학

동생이 '하늘다람쥐'와 '달팽이', '지렁이'와 '개'를 종이 한 장에 적었습니다. 나는 동생이 다른 종이에 무엇을 적을지 궁금해하며 지켜보았습니다. 동생은 내가 좋아하는 '방아깨비'를 제일 먼저 썼습니다. 기분이 좋았습니다. 그다음에는 '배추흰나비'를 썼습니다. 배추흰나비는 교실에서 관찰도 했습니다. 동생은 이어서 '앵무새'를 쓰더니 '참새'와 '까치'도 썼습니다. 동생이 서로 다른 종이에 동물을 적어서 분류한 기준은 무엇일까요?

위의 글을 읽고 알맞게 추론한 문장을 고르세요.

① '식물을 먹는 동물인가?'입니다.

② '날개가 있는 동물인가?'입니다.

③ '새끼를 낳는 동물인가?'입니다.

④ '어디에서 사는 동물인가?'입니다.

앞의 글에서 동생은 먼저 종이에 날개가 없는 동물을 적었고, 다른 종이에 날개가 있는 동물을 적었어요. 하늘다람쥐는 날개가 아닌 앞다리, 몸, 뒷다리 사이에 쳐진 비막으로 날아요. 동생은 날개가 있는지 없는지를 기준으로 동물을 분류했어요. 그러므로 ②번이 올바른 추론이에요. ①번은, 글에서는 먹는 먹이에 대한 언급이 없으므로 잘못된 추론이에요. ③번은, 포유류와 새, 곤충이 섞여 있으므로 잘못된 추론이에요. ④번은, 지렁이, 달팽이, 개 등 사는 곳이 다양한데도 한 종이에 함께 적었으므로 '사는 곳'이 기준은 아니에요. 잘못된 추론이에요.

이어 **생각하기**

알맞게 분류한 번호에 밑줄 치세요.

① 물에서 사는 동물: 수달, 하마, 여치, 붕어.

② 날개가 없는 동물: 치타, 기린, 메뚜기, 원숭이.

③ 새끼를 낳는 동물: 노루, 개, 고양이, 배추흰나비.

④ 알을 낳는 동물: 장수하늘소, 무당벌레, 개구리, 까치.

가을 풍경화

국어

고즈넉한 계곡을 바라보며 한 폭의 풍경화를 감상하고 있었다.

"저 빛깔은 누가 만들었어요?"

할머니께서는 흐뭇한 표정으로 동생에게 말씀하셨다.

"떨켜가 만들었지. 떨켜가 나뭇잎이 만든 영양분을 나뭇가지에 못 가게 막으니까, 색이 변하는 거란다. 결국에는 떨켜가 색을 만들고 잎을 떨어뜨리는 거란다."

위의 글을 읽고 알맞게 추론한 문장을 고르세요.

① '고요하고 아늑하다.'의 뜻을 담고 있는 낱말이 없습니다.

② '마음에 흡족하여 매우 만족스럽다.'라는 뜻의 낱말이 없습니다.

③ '낙엽이 질 무렵 잎자루와 가지가 붙은 데 생기는 특수한 조직'이라는 뜻의 낱말이 없습니다.

④ '기후 변화로 식물의 잎이 붉은빛이나 누런빛으로 변하는 현상'이라는 뜻의 낱말이 없습니다.

앞의 글에 나오는 낱말을 정확하게 설명하고 있는 문장과 글에 나오지 않은 낱말을 설명하는 문장을 구별하면 돼요. 이 글은 단풍놀이에 관한 글이지만, 글에는 단풍에 대한 설명이 나오지 않았어요. 그러므로 ④번이 올바른 추론이에요. ①번은, 글에 있는 '고즈넉하다'의 뜻이므로 잘못된 추론이에요. ②번은, 글에 있는 '흐뭇하다'의 뜻이므로 잘못된 추론이에요. ③번은, 글에 있는 '떨켜'의 뜻이므로 잘못된 추론이에요. ④번에 있는 '기후 변화로 식물의 잎이 붉은빛이나 누런빛으로 변하는 현상'은 '단풍'을 설명하는 말이에요.

이어 **생각하기**

다음 중 단풍이 들지 않는 나무에 ○표하세요.

굴참나무 (　)

벚나무 (　)

전나무 (　)

은행나무 (　)

겨울과 여름

사회

겨울에는 두꺼운 외투를 입고 장갑을 끼거나 목도리를 합니다. 또 따뜻한 국이나 찌개, 군고구마 같은 음식을 자주 먹으며 몸을 따뜻하게 합니다. 반면에 여름에는 땀을 많이 흘리기 때문에 반소매 옷과 반바지를 입고, 차가운 냉면이나 수박 같은 시원한 음식을 즐겨 먹습니다. 겨울에는 단열이 잘 되게 창문을 잘 막고 보일러를 켭니다. 여름에는 에어컨이나 그늘막을 이용해 더위를 피합니다.

위의 글을 읽고 알맞게 추론한 문장을 고르세요.

① 의식주에 날씨가 영향을 크게 미친다는 내용입니다.

② 의식주에 촌락이 영향을 크게 미친다는 내용입니다.

③ 의식주에 환경이 영향을 크게 미친다는 내용입니다.

④ 의식주에 문화가 영향을 크게 미친다는 내용입니다.

앞의 글 내용은 겨울과 여름의 날씨에 따라 입는 옷과 음식이 다르고 사는 집에서의 생활 모습이 다르다는 점을 설명하고 있어요. 그러므로 ①번이 올바른 추론이에요. ②번은, 글에서는 촌락이나 도시 환경에 관한 내용이 없으므로 잘못된 추론이에요. ③번은, '환경'에는 자연환경인 날씨도 포함되지만, 사람이 만든 인문 환경도 있으므로 잘못된 추론이에요. ④번은, 문화 요소는 의식주에 영향을 미치지만, 앞의 글에는 그 내용이 나오지 않으므로 잘못된 추론이에요.

이어 **생각하기**

(   )에 알맞은 내용을 쓰세요.

사막 환경에 사는 사람들은 흰 천으로 된 긴 옷을 입고, 천으로 머리와 얼굴을 감싸고 다닌다. 그 이유는 뜨거운 (   )과 (   )으로부터 몸을 보호하기 위해서이다.

강

과학

강 상류에서 흘러가는 강물은 강 중류, 강 하류의 모습을 천천히 변화시킨다. 강 상류의 강폭은 강 중류나 강 하류의 강폭에 비해 좁다. 강 상류는 강 중류나 강 하류보다 경사가 가파르다. 강 상류에는 바위가 많고, 강 하류에는 모래가 많다. 강 상류에서는 침식 작용이 활발하다. 강 하류에서는 퇴적 작용이 활발하다. 강 상류에서 강 하류까지 오랜 시간 동안 흐르는 강물은 지표의 모양을 서서히 바꾼다.

위의 글을 읽고 알맞게 추론한 문장을 고르세요.

① 강 상류의 돌의 알갱이는 강 하류에 비해 작습니다.

② 강 하류는 강 상류보다 침식 작용이 더 활발합니다.

③ 강 하류의 강폭은 넓어서 물의 흐름이 느립니다.

④ 건축용 모래는 강 하류보다 강 상류에서 많이 채취합니다.

앞의 글에서 강 하류는 강폭이 넓고 퇴적 작용이 활발하다고 했어요. 강폭이 넓고 경사가 완만하면 물의 흐름도 느려져요. 그러므로 ③번이 올바른 추론이에요. ①번은, 강 상류의 돌이 더 크고, 하류로 가면서 침식 작용으로 돌이 점점 작아지고 부드러워지므로 잘못된 추론이에요. ②번은, 강 하류보다 강 상류에서 침식 작용이 더 활발하므로 잘못된 추론이에요. ④번은, 모래는 강 하류에 많아, 건축용 모래는 강 하류에서 채취하는 것이 알맞은 추론이므로 잘못된 추론이에요.

이어 **생각하기**

앞의 글을 다시 읽고 ( )에 알맞은 낱말을 쓰세요.

강 상류에는 퇴적 작용보다 ( ) 작용이 활발하며,

강 하류에서는 침식 작용보다 ( ) 작용이 활발하다.

수중 식물

과학

투명한 병에 물을 넣고 수중 식물을 넣은 뒤, 햇빛이 잘 드는 창가에 두었습니다. 하루 동안 식물이 햇빛을 받을 수 있도록 햇빛이 잘 드는 곳에 두고 관찰하며 기다렸습니다. 다음 날 식물 주위에 기포가 생긴 것을 확인했습니다. 이 기포는 식물이 광합성을 하며 만든 산소라는 것을 알 수 있었습니다. 식물이 햇빛을 받을 때 광합성을 통해 산소를 만들어낸다는 것을 알게 되었습니다.

위의 글을 읽고 알맞게 추론한 문장을 고르세요.

① 절차와 결과가 드러나게 쓴 보고서입니다.

② 생각과 느낌을 살려 쓴 보고서입니다.

③ 때에 따라 일어난 일을 쓴 보고서입니다.

④ 장소에 따라 일어난 일을 쓴 보고서입니다.

앞의 글에는 실험의 절차와 결과가 순서대로 잘 나타나 있어요. "투명한 병에 물을 넣고 식물을 넣은 뒤"는 절차이며, "기포가 생긴 것을 확인했습니다.", "산소를 만들어낸다는 것을 알게 되었습니다."라는 내용은 결과예요. 그러므로 ①번이 올바른 추론이에요. ②번은, 글에서는 생각이나 느낌을 표현하지 않았으므로 잘못된 추론이에요. ③번은, 때에 따라 일어난 사건을 서술한 일지와는 다르므로 잘못된 추론이에요. ④번은, 장소는 중요하지 않으며, 주제와 핵심 내용도 장소 변화와는 관련이 없으므로 잘못된 추론이에요.

이어 **생각하기**

(　　)에 알맞은 낱말을 쓰세요.

녹색식물이 빛 에너지를 이용하여 이산화 탄소와 수분으로 유기물을 합성하는 과정을 (　　　　　　　　)이라고 한다.

이누이트

사회

이누이트 사람들은 순록, 바다표범, 고래 등을 사냥하여 고기를 생으로 먹거나 말려서 보관합니다. 그리고 순록의 젖을 이용해 저장 식품도 만들어 먹습니다. 북극해 주변에는 나무가 적어 불을 피우기 어렵기 때문에 익히기보다 날고기로 섭취하는 문화가 발달했습니다. 특히 갓 잡은 고래 고기에는 비타민 같은 영양소가 풍부합니다. 식물이 자라기 힘든 환경에서 필요한 영양소를 고기로 얻을 수 있습니다.

위의 글을 읽고 알맞게 추론한 문장을 고르세요.

① 이누이트 사람들은 높은 산이 있는 고장에서 삽니다.

② 순록은 풀이 잘 자라는 따뜻한 지역에서 삽니다.

③ 이누이트 사람들이 사는 곳에는 햇볕이 들지 않습니다.

④ 식물에 들어 있는 영양소가 동물에도 들어 있습니다.

앞의 글에서 "갓 잡은 고래 고기에는 비타민 같은 영양소가 풍부합니다. 식물이 자라기 힘든 환경에서 필요한 영양소를 고기로 얻을 수 있습니다."라고 했어요. 이 문장을 바탕으로 식물에 있는 영양소가 동물에도 들어 있다는 사실을 추론할 수 있어요. 그러므로 ④번이 올바른 추론이에요. ①번은, 글에는 '북극해 주변'이라는 말은 있지만, '높은 산'에 대한 언급은 없으므로 잘못된 추론이에요. ②번은, 순록은 이누이트 사람들이 사는 한대 지역, 즉 추운 곳에 사는 동물이므로 틀린 추론이에요. ③번은, 북극은 계절에 따라 해가 안 뜰 수는 있지만, 글에는 그런 정보가 없으므로 잘못된 추론이에요.

이어 **생각하기**

북극해 주변 지역은 무슨 기후에 속하나요? 그 기후에 ○표하세요.

온대 기후 (　　)

냉대 기후 (　　)

한대 기후 (　　)

고산 기후 (　　)

상자의 무게

수학

선물이 가득한 상자가 쌓여 있습니다. 물방울무늬 상자는 50킬로그램입니다. 토끼 그림 상자는 물고기 그림 상자보다 15킬로그램이 더 가볍습니다. 물고기 그림 상자는 땅콩 그림 상자보다 6킬로그램이 더 무겁습니다. 물방울무늬 상자와 물고기 그림 상자와 땅콩 그림 상자 무게의 합은 82킬로그램입니다. 토끼 그림 상자의 무게는 얼마일까요?

위의 글을 읽고 알맞게 추론한 문장을 고르세요.

① 토끼 그림 상자의 무게는 3kg입니다.

② 토끼 그림 상자의 무게는 4kg입니다.

③ 토끼 그림 상자의 무게는 18kg입니다.

④ 토끼 그림 상자의 무게는 19kg입니다.

(물방울무늬 상자)+(물고기 그림 상자)+(땅콩 그림 상자)=82kg이고, (물고기 그림 상자)=(땅콩 그림 상자)+6kg이에요. 물방울무늬 상자는 50kg이므로, 50kg+(땅콩 그림 상자)+6kg+(땅콩 그림 상자)=82kg이고, 56kg+(땅콩 그림 상자)+(땅콩 그림 상자)=82kg이므로 땅콩 그림 상자의 무게는 13kg이에요. 물고기 그림 상자는 땅콩 그림 상자보다 6킬로그램 더 무거우므로 19kg이에요. 토끼 그림 상자는 물고기 그림 상자보다 15킬로그램이 더 가벼우므로 4kg이에요. 그러므로 정답은 ②번이에요. ①번, ③번, ④번은 차례에 맞춰 계산하지 않았으므로 잘못된 추론이에요.

이어 **생각하기**

(　　)에 알맞은 단위를 쓰세요.

소고기 한 근 600(　　　　　)

토마토 한 상자 5(　　　　　)

들기름 한 병 360(　　　　　)

우유 한 통 1(　　　　　)

덕분에

과학

똥도 소중한 양분이지만, 흙도 중요하다. 흙은 식물이 자라는 데 필요하기 때문이다. 화단, 논과 밭, 들, 산에 있는 흙 덕분에 많은 생물이 살아간다. 인간은 흙과 식물 덕분에 살아간다. 이런 흙은 오랜 시간이 걸려 만들어진다. 하지만 폭우가 쏟아지면 산사태가 일어나 흙이 깎여서 떠내려간다. 나라에서는 홍수를 막기 위해 댐을 만든다. 산사태를 막기 위해 산에 식물의 씨앗을 심거나 나무를 심고 단단한 재료를 이용해 흙과 나무, 돌이 떨어지지 않도록 고정하고 물길도 만든다.

위의 글을 읽고 알맞게 추론한 문장을 고르세요.

① 똥이 소중하다는 것이 중심 내용입니다.

② 흙을 지키는 노력이 필요하다는 것이 중심 내용입니다.

③ 흙 속에 다양한 생명이 살고 있다는 것이 중심 내용입니다.

④ 산에 물길을 내어 산사태를 예방하는 것이 중심 내용입니다.

앞의 글을 보면, 흙이 식물과 생물에게 중요한 이유를 설명하고, 산사태로 흙이 유실되는 문제를 말하면서 나라에서 사고 예방을 위해 노력하는 내용을 소개하고 있어요. 그러므로 ②번이 올바른 추론이에요. ①번은, '똥도 소중한 양분'이라는 말이 나오지만, 전체 글의 중심어는 '흙'이므로 잘못된 추론이에요. ③번은, 흙 속 생물 이야기는 일부 내용일 뿐, 전체의 중심은 아니므로 잘못된 추론이에요. ④번은, 물길을 만드는 것은 산사태를 막는 하나의 방법일 뿐, '완전히 차단할 수 있다'라는 내용은 지나친 추론이므로 잘못된 추론이에요.

이어 **생각하기**

□에 들어갈 알맞은 낱말을 쓰세요.

□은 모든 생명체의 생존과 건강, 생태계 유지에 필수적인 자원이다.

자전거

국어

어린이, 노인, 신체 장애인이 자전거를 운전할 때는 보도로 통행할 수 있다. 이때 자전거 운전자는 보도 중앙으로부터 차도 쪽 또는 안전표지로 지정된 곳으로 서행하여야 하며, 보행자의 통행에 방해가 될 때는 일시 정지해야 한다. 안전 표지로 자전거 통행이 허용된 보도에서는 누구나 자전거로 통행할 수 있다. 또 도로의 파손, 도로 공사나 그 밖의 장애 등으로 도로를 통행할 수 없는 경우에도 누구나 보도로 자전거를 타고 통행할 수 있다.

위의 글을 읽고 알맞게 추론한 문장을 고르세요.

① 보도 한가운데서 자전거를 타야 합니다.

② 누구나 보도에서 자전거를 탈 수 있습니다.

③ 어린이는 반드시 차도에서 자전거를 타야 합니다.

④ 보도에서 자전거를 탈 때는 보행자를 보호해야 합니다.

앞의 글에서 자전거는 보도 중앙에서가 아니라 차도 쪽 또는 지정된 부분으로 서행해야 하며, 보행자의 통행에 방해가 될 때는 일시 정지해야 한다고 쓰여 있어요. 즉, 자전거 운전자는 보행자를 배려하고 보호하는 태도가 필요하다는 것을 추론할 수 있어요. 그러므로 ④번이 올바른 추론이에요. ①번은, 보도 중앙에서 자전거를 타야 한다는 내용은 없으며, 차도 쪽 또는 지정된 곳으로 타야 한다고 했으므로 잘못된 추론이에요. ②번은, '누구나 보도에서 자전거를 탈 수 있다'라는 것은 안전표지가 있을 때, 특별한 상황에서만 해당하므로 잘못된 추론이에요. ③번은, 어린이는 보도로 통행할 수 있다고 했지, 반드시 차도에서 타야 한다는 것은 아니므로 잘못된 추론이에요.

이어 **생각하기**

□에 알맞은 낱말을 쓰세요.

자전거 운전자가 □□ 보도를 건널 때는 자전거에서 내려서 자전거를 끌고 가야 한다.

한복, 김치, 온돌

사회

한복은 한국의 전통 의상으로, 자연에서 자란 식물로 짠 천으로 만들어 부드럽고 우아하다. 매운 양념을 버무려 발효시킨 김치는 한국인의 식탁에서 빠질 수 없는 건강한 반찬이며 매콤한 보약과 같다. 방 전체를 덥히는 온돌은 겨울에도 햇볕 아래 누워 있는 것 같은 따뜻한 기분을 선물한다. 한복은 색과 모양으로 자연의 아름다움을 표현한 전통적인 패션 언어와도 같다. 김치는 시간이 지나야 깊은 맛이 우러나, 지혜와 기다림의 음식이라고 할 수 있다. 온돌은 가족이 한자리에 모여 따뜻함을 나누게 해 주는 사랑의 난로와 같다.

위의 글을 읽고 알맞게 추론한 문장을 고르세요.

① 한복은 지금도 평상복으로 입습니다.

② 온돌은 방을 따뜻하게 데우는 돌을 말합니다.

③ 이 글의 중심 내용은 한국의 전통 의상입니다.

④ 우리나라 전통이 담긴 대표적인 의식주가 중심 내용입니다.

앞의 글은 한복(의복 문화), 김치(음식 문화), 온돌(주거 문화), 이렇게 전통적인 의식주 요소를 고루 다루고 있으므로, '우리나라 전통이 담긴 대표적인 의식주'가 중심 내용이에요. 그러므로 ④번이 올바른 추론이에요. ①번은, 글에서는 한복의 아름다움과 상징성은 언급하지만, 지금도 평상복(평상시에 입는 옷)으로 입는다는 말은 나오지 않으므로 잘못된 추론이에요. 현대에는 특별한 날에만 입는 경우가 많아요. ②번은, '온돌'은 '돌'이 아닌 바닥을 따뜻하게 데우는 한국 전통의 난방 방식 전체를 말하므로 잘못된 추론이에요. ③번은, 한복뿐 아니라 김치와 온돌도 자세하게 설명하고 있으므로 잘못된 추론이에요.

이어 **생각하기**

우리나라의 전통적 의식주를 생각하며 ( )에 알맞은 낱말을 쓰세요.

'의'의 예: 저고리, 치마, 버선, 두루마기

'식'의 예: 간장, 고추장, 된장찌개, 김치, 팥죽

'주'의 예: ( )

ABC

과학

담는 그릇이 바뀌어도 A는 겉으로 드러나는 생김새나 모습이 바뀌지 않습니다. 또 넓이와 높이를 가진 물건이 공간에서 차지하는 크기인 부피도 일정합니다. B는 아무것도 없는 빈 곳을 차지하고, 채웁니다. 또 힘이 작용하면 다른 곳으로 움직여 자리를 바꿉니다. 눈에 보이지 않아도 무거운 정도가 있습니다. C는 담는 그릇에 따라 겉으로 드러나는 생김새가 변합니다. 하지만 넓이와 높이를 가진 물건이 공간에서 차지하는 크기를 말하는 부피는 변함이 없습니다.

위의 글을 읽고 알맞게 추론한 문장을 고르세요.

① A의 예는 오렌지 주스입니다.

② A와 B는 모양과 부피가 자주 바뀝니다.

③ B가 쭈글쭈글한 공에 들어가면 팽팽해지고 무거워집니다.

④ C는 모양과 부피가 변하지 않는 성질이 있습니다.

아무것도 없는 빈 곳을 차지하고, 힘이 작용하면 움직이며 눈에 보이지 않아도 무게가 있는 것은 '기체'의 특징이에요. 따라서, 쭈글쭈글한 공에 기체(B)가 들어가면, 부피를 채우고 팽팽해지며, 공의 무게도 늘어나요. 그러므로 ③번이 올바른 추론이에요. ①번은, A는 겉모양이 바뀌지 않고 부피도 일정하다고 했기 때문에 '고체'이므로 잘못된 추론이에요. ②번은, A는 '고체'이므로 모양과 부피가 일정해요. 그러므로 잘못된 추론이에요. ④번은, C는 '액체'이므로 모양은 그릇에 따라 변하지만 부피는 일정해요. 그러므로 잘못된 추론이에요.

이어 **생각하기**

앞의 글을 다시 읽고 (　　)에 알맞은 낱말을 쓰세요.

A의 예: 나무, 플라스틱, 돌, 철, 가죽

B의 예: (　　　　　　　　　　　　　　　　　　　　)

C의 예: 물, 주스, 식초, 우유, 간장, 기름

사막 거북

국어

사막 거북은 미국 서남부와 멕시코 북부의 모하비 사막과 소노라 사막에 산다. 사막 거북은 강수량이 적은 사막에 살기 위해 몸속 수분을 잘 관리해야 한다. 그래서 햇볕을 피해 땅을 파고 굴에서 주로 지낸다. 그리고 햇볕이 들지 않는 바위 아래의 그늘에서도 지낸다. 그러나 비가 내리면 사막 거북은 활발하게 움직인다. 그러므로 사막 거북이 낳은 알에서 새끼가 부화해도 살아남을 확률은 약 1%밖에 되지 않는다고 한다. 따라서 어린 사막 거북이 더 많이 살아남도록 관심을 두고 연구해야 한다.

위의 글을 읽고 알맞게 추론한 문장을 고르세요.

① 글의 짜임을 볼 때, '그래서'는 적절하지 않습니다.

② 글의 짜임을 볼 때, '그리고'는 적절하지 않습니다.

③ 글의 짜임을 볼 때, '그러나'는 적절하지 않습니다.

④ 글의 짜임을 볼 때, '그러므로'는 적절하지 않습니다.

'그러므로'는 앞 문장의 원인에 따른 결과를 말할 때 쓰는 접속사(이어 주는 말)예요. "사막 거북이 알에서 부화해 살아남을 생존율이 1%밖에 되지 않는다."라는 앞의 내용과 다른 방향으로 나가기 때문에, '그런데'가 더 자연스러워요. 그러므로 ④번이 올바른 추론이에요. ①번은, '원인-결과' 관계가 분명하므로 '그래서'는 적절해요. 따라서 잘못된 추론이에요. ②번은, '굴에서 지낸다'와 '그늘에서도 지낸다'도 비슷한 의미를 덧붙이는 문장이므로 '그리고' 사용은 적절해요. 따라서 잘못된 추론이에요. ③번은, 서로 반대되는 상황이므로 '그러나'가 잘 어울려요. 따라서 잘못된 추론이에요.

이어 **생각하기**

'그러므로' 대신 사용할 수 있는 접속사를 (   )에 쓰세요.

비가 내리면 사막 거북은 활발하게 움직인다. (   )
사막 거북이 낳은 알에서 새끼가 부화해도 살아남을 확률은 약 1%밖에 되지 않는다고 한다.

생성형 AI 시대

사회

생성형 AI 시대가 왔어요. 프롬프트*에 내용을 입력하면 AI가 그림을 그리고, AI가 동화를 창작해요. 숙제하다가 모르는 문제가 있으면 AI가 뚝딱 해결해 줘요. 이전에는 도서관에서 두꺼운 책을 뒤져야 했지만, 지금은 말만 하면 필요한 정보를 금방 알 수 있어요. 어떤 친구는 AI와 대화를 나누며 영어를 배우고, 어떤 친구는 AI로 자신만의 게임을 만들어요. 생성형 AI로 인해 사람들이 하는 일도 달라지고 있어요. 이런 변화에 잘 대비하고 있나요?

* 프롬프트: 생성형 AI 모델에게 특정 작업을 수행하도록 요청하는 질문이나 명령어. AI가 주어진 과제를 이해하고 수행하도록 하는 명확한 안내자 역할을 한다.

위의 글을 읽고 알맞게 추론한 문장을 고르세요.

① 최근 학습하는 방법을 소개하는 글입니다.

② 최근 사회 변화의 현상을 나타내는 글입니다.

③ 최근 게임을 만드는 방법을 안내하는 글입니다.

④ 최근 직업이 변화하는 특징을 나타내는 글입니다.

앞의 글은 생성형 AI가 등장하면서 생긴 일상 속의 변화를 보여주고 있어요. 학습 방식, 놀이 방식, 일의 방식까지 달라진 모습을 종합적으로 말하고 있으므로 '사회 변화의 현상', '사회 변동'을 다룬 글이에요. 그러므로 ②번이 올바른 추론이에요. ①번은, 영어 공부나 숙제는 포함되어 있지만, 글 전체의 핵심은 학습법이 아닌 '사회 전반의 변화'이므로 잘못된 추론이에요. ③번은, 'AI로 게임을 만든다'라는 예는 있지만, 어떻게 만드는지 안내하지는 않았으므로 잘못된 추론이에요. ④번은, "사람들이 하는 일도 달라지고 있어요."라는 문장이 있지만, 직업 변화만을 중심으로 한 글은 아니므로 잘못된 추론이에요.

이어 **생각하기**

□에 알맞은 낱말을 쓰세요.

생성형 AI는 세상에 있는 자료를 스스로 학습하여 글과 이미지, 소리와 영상 등의 새로운 내용을 자동으로 만들어내는 인공 □□ 이다.

학생 수

수학

초등학교 학생 수를 조사하려고 합니다. 농촌에 있는 [가] 학교 학생 수는 167명, 어촌에 있는 [나] 학교 학생 수는 109명, 산지촌에 있는 [다] 학교 학생 수는 86명, 도시에 있는 [라] 학교 학생 수는 879명입니다. [가]~[라] 학교 학생 수를 그림으로 그려서 나타내려고 합니다.

위의 글을 읽고 알맞게 추론한 문장을 고르세요.

① 학생 수의 합계가 1,241명이므로 그림을 네 가지 종류로 나타냅니다.

② 그림의 종류가 가장 많이 필요한 학교는 [가] 학교입니다.

③ [가], [나], [다] 학교 학생 수를 나타내는 그림의 전체 개수가 [라] 학교 학생 수를 나타내는 그림의 전체 개수보다 많습니다.

④ ●가 100명, ■가 10명, ▲가 1명이라면 [가], [나], [다], [라] 학교 중, [라] 학교의 ■ 수가 가장 많습니다.

[가], [나], [다] 학교 학생 수를 나타내는 그림의 개수는 '[가]는 1+6+7=14개, [나]는 1+0+9=10개, [다]는 0+8+6=14개로 합계 38개이지만, [라]는 8+7+9=24개예요. 그러므로 ③번이 올바른 추론이에요. ①번은, 실제 합계는 167+109+86+879=1,241명이 맞지만, 합계를 나타내지 않고 세 가지(100, 10, 1) 단위로 나타낼 수 있으므로 잘못된 추론이에요. ②번은, [가] 학교는 167명으로 ● 1개, ■ 6개, ▲ 7개로 총 세 종류를 사용했고, [라]도 ●, ■, ▲ 세 종류를 모두 사용했으므로 잘못된 추론이에요. ④번은, [라] 학교 학생 수는 879명으로, '879명=● 8개+■ 7개+▲ 9개이므로 10단위인 ■가 7개 필요하지만, [다] 학교는 86명으로, 10단위인 ■가 8개가 필요해요. 그러므로 ④번도 잘못된 추론이에요.

이어 **생각하기**

앞의 글을 읽고 (　)에 알맞은 수를 쓰세요.

도시에 있는 [라] 학교 학생 수가 농촌, 어촌, 산지촌에 있는 학생을 모두 더한 수보다 (　　　　)명 더 많다.

국어

합창단

합창단에는 높은 소리를 내는 사람과 낮은 소리를 내는 가수가 있다. 여성과 어린이의 가장 높은 소리는 '소프라노', 여성의 가장 낮은 소리는 '알토'라고 부른다. 남성의 가장 높은 소리는 '테너', 가장 낮은 소리는 '베이스'라고 한다. 그리고 남성의 '바리톤'은 테너와 베이스의 중간 정도 음넓이를 가리키는 말이다. 합창단은 이렇게 다양한 음넓이의 가수들이 모여 하나의 아름다운 화음을 만든다. 합창단은 각 성부가 어우러져 더욱 풍부하고 조화로운 소리를 만든다.

위의 글을 읽고 알맞게 추론한 문장을 고르세요.

① 소프라노와 테너는 모두 남성 가수의 소리입니다.

② 바리톤은 여성과 남성이 모두 내는 목소리입니다.

③ 합창단의 목소리가 다양할수록 소리가 풍부해집니다.

④ 합창단에는 높은 소리를 내는 사람만 참여합니다.

앞의 글에는 각 성부가 어우러져 더욱 풍부하고 조화로운 소리를 만든다는 내용이 있어요. '성부'는 음악을 구성하는 부분이므로, 각 성부가 어우러져 다양한 목소리를 만들어내요. 그러므로 ③번이 올바른 추론이에요. ①번은, 소프라노는 여성 또는 어린이의 소리이고, 테너는 남성의 소리이므로 잘못된 추론이에요. ②번은, 바리톤은 남성 성부 중 하나이며, 여성은 일반적으로 부르지 않으므로 잘못된 추론이에요. ④번은, 글에서 낮은 소리를 내는 베이스, 알토도 언급하였으므로 잘못된 추론이에요.

이어 **생각하기**

(   )에 알맞은 낱말을 쓰세요.

어린이나 여성 합창단을 3부로 구성할 때는 '소프라노'와 '알토' 사이에 또 다른 성부를 둔다. 그 성부를 (   ) 라고 한다.

샌드위치

국어

샌드위치를 만들어 볼까요? 첫째, 식빵 두 장, 치즈, 딸기잼, 자른 토마토, 달걀부침을 준비합니다. 좋아하는 채소나 다른 재료를 준비해도 좋습니다. 둘째, 한쪽 빵에 딸기잼을 골고루 바릅니다. 그다음에는, 잼을 바른 식빵 위에 토마토, 달걀부침, 치즈를 취향에 맞게 올립니다. 마음에 드는 재료를 다 올렸다면, 다른 식빵으로 덮은 뒤 살짝 눌러 줍니다. 마지막으로, 먹기 좋게 반으로 자르면 맛있는 샌드위치가 완성됩니다. 간단하면서도 영양 가득한 샌드위치를 직접 만들어 보면 정말 재미있습니다.

위의 글을 읽고 알맞게 추론한 문장을 고르세요.

① 글 내용의 차례를 나타내는 말을 잘 썼습니다.

② 샌드위치의 영양가에 대해 자세히 썼습니다.

③ 샌드위치는 먹기 좋게 자르는 것이 중요합니다.

④ 샌드위치는 열로 익히는 과정이 매우 중요합니다.

앞의 글은 '첫째, 둘째, 그다음에는, 마지막으로'와 같은 글의 순서를 나타내는 말을 잘 사용했어요. 이러한 표현 덕분에 샌드위치 만드는 과정을 순서대로 이해하기가 쉽고 명확해요. 그러므로 ①번이 올바른 추론이에요. ②번은, '영양 가득한 샌드위치'라는 말은 있지만, 어떤 영양소가 있는지 자세한 설명은 없으므로 잘못된 추론이에요. ③번은, 샌드위치 자르기는 마지막 내용의 일부분이므로 잘못된 추론이에요. ④번은, 이 글에서는 오븐, 프라이팬 등 열을 사용하는 과정이 전혀 등장하지 않으므로 잘못된 추론이에요.

이어 **생각하기**

(　)에 알맞은 낱말을 쓰세요.

샌드위치와 비슷하면서도 다른 이 음식은 식빵을 얇게 썰어 양쪽을 살짝 구워 낸 후, 버터나 치즈를 바르거나 뿌려서 만든다. 이 음식을 (　　　　　　　)라고 한다.

원

수학

원은 둥글게 그려진 모양이나 형태를 말해요. 수학에서는 원을, 어떤 한 점에서 같은 거리에 있는 점들을 모아 만든 모양이라고 정의해요. 원 위에 있는 점들은 모두 원의 중심에서 같은 거리에 있어요. 그래서 (A) 어떤 점에서 두 지점까지 거리가 같은지 알아보고 싶을 때, (B) 그 점을 중심으로 원을 그려서 두 지점이 원 위에 있는지 확인하면 돼요. 이렇게 하면 그 점에서 (C) 두 지점까지의 거리가 같은지 쉽게 알 수 있어요.

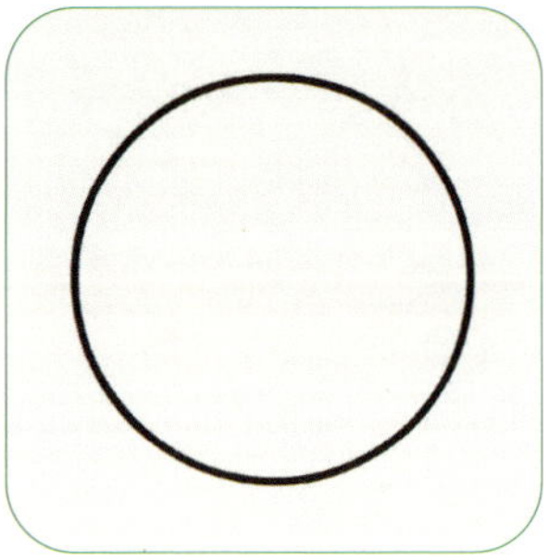

위의 글을 읽고 알맞게 추론한 문장을 고르세요.

① (A)와 (B)는 원 위에 있는 점입니다.

② (C)는 원의 반지름에 2를 곱한 수입니다.

③ 원의 중심에서 원 위의 점까지의 거리는 조금씩 다릅니다.

④ 두 점이 원 위에 있다면, 원의 중심에서 두 점까지의 거리는 같습니다.

두 점이 원 위에 있다면, 원의 중심에서 두 점까지의 거리가 같다는 내용은 원의 정의에 정확히 부합해요. 그러므로 ④번이 올바른 추론이에요. ①번은, (A)와 (B)가 둘 다 원 위에 있으면 원을 그리지 못할 수도 있으므로 잘못된 추론이에요. ②번은, (C)는 반지름을 나타내는 말이므로 잘못된 추론이에요. ③번은, 원의 정의에 어긋나는 말이에요. 원의 중심에서 원 위의 점까지의 거리는 모두 같으므로 잘못된 추론이에요.

이어 **생각하기**

(　　)에 알맞은 낱말을 쓰세요.

원의 중심에서 그 원둘레의 한 점에 이르는 선분을 (　　　　　) 이라고 한다.

벽이 말한다고요?

과학

벽이 말한다고요? 그렇게 생각할 수도 있어요. 아무도 없는 체육관에 친구들보다 먼저 가서 큰 소리로 외쳤어요.

"누구 없니?"

그랬더니 "누구 없니?"라는 말이 되돌아옵니다. 이 말을 듣고 소스라치게 놀라 체육관 밖으로 뛰쳐나오면 안 돼요. 동굴이나 산, 목욕탕, 지하실에서도 이런 현상을 체험할 수 있어요.

위의 글을 읽고 알맞게 추론한 문장을 고르세요.

① 소리가 되돌아오면 귀신이 있다고 생각해야 합니다.

② 체육관에서는 소리가 반사되어 다시 들릴 수 있습니다.

③ 산이나 동굴에서는 소리를 내면 아무런 반응이 없습니다.

④ 체육관에서 큰 소리로 질문하면 사람이 없어도 대답이 들립니다.

울려 퍼지는 소리가 산이나 절벽 같은 데 부딪쳐 되울려 오는 소리를 '메아리'라고 해요. 메아리를 산울림이라고 하는데, 이런 현상은 소리의 반사 때문이에요. 그러므로 ②번이 올바른 추론이에요. ①번은, 과학적 설명이 아닌 미신적인 해석이므로 잘못된 추론이에요. ③번은, 동굴이나 산에서도 이런 현상을 체험할 수 있으므로 잘못된 추론이에요. ④번은, 실제로 사람이 대답하는 게 아니라, 소리의 반향으로 질문이 그대로 들리는 것이기 때문에, 잘못된 추론이에요.

이어 **생각하기**

( )에 알맞은 낱말을 쓰세요.

사방이 딱딱한 벽으로 둘러싸인 방에서 소리를 내면 그 소리는 반사되지만, 사방이 폭신한 벽으로 둘러싸인 방에서 소리를 내면 그 소리는 ( )된다.

국어

높임 표현

"안녕하세요? 만나 뵙게 되어 반갑습니다."

지은이는 학교에서 처음 만난 선생님께 고개를 숙여 인사했어요. 웃어른 앞에서나 격식 있는 자리에서는 높임 표현을 사용하는 것이 예의예요. 동아리 회장인 수아는 동생에게 "시간 괜찮으면 잠깐 이야기 좀 나눌 수 있을까요?"라고 말했어요. 동생은 "네, 회장님. 말씀해 주세요."라고 정중하게 대답했고요. 이처럼 나이와 상관없이 상대를 존중하는 태도를 담을 때도 높임 표현을 사용해요.

위의 글을 읽고 알맞게 추론한 문장을 고르세요.

① 친구에게는 높임 표현을 사용하지 않아야 합니다.

② 높임 표현은 상대방을 존중하는 방법입니다.

③ 어린 동생에게는 항상 낮춤말을 써야 합니다.

④ 높임 표현은 선생님에게만 사용하는 말입니다.

글쓴이가 선생님께 인사할 때나, 수아가 동생에게 정중하게 말할 때처럼, 높임 표현은 상대를 존중하고 예의를 지키기 위한 표현 방법이에요. 그러므로 ②번이 올바른 추론이에요. ①번은, 친구라도 존중하고 예의를 표현하고 싶을 때는 높임말을 사용할 수 있으므로 잘못된 추론이에요. ③번은, 동생이라도 공식적인 자리나 역할(예: 발표, 회장 등)에 따라 높임 표현을 사용할 수 있으므로 잘못된 추론이에요. ④번은, 선생님뿐 아니라, 부모님, 어른, 회장, 처음 만난 사람 등 다양한 사람에게 높임말을 사용할 수 있으므로 잘못된 추론이에요.

이어 **생각하기**

'높임말'과 같은 뜻으로 쓰이지 <u>않은</u> 낱말에 ○표하세요.

존댓말 ( )

공대말 ( )

고유어 ( )

존대어 ( )

책을 읽다가

국어

책을 읽다가 현우는 "희귀한 식물"이라는 부분을 보고는 궁금했어요. 그런데 그다음 문장에 "이 식물은 보기 드물고 특별해서 보호해야 해요."라는 내용이 있었어요. 현우가 "희귀한"을 '보기 드문'이라는 말로 바꾸었더니 뜻이 잘 통했어요. 또, "바다에서 고래가 순식간에 물속으로 들어갔다."라는 문장을 읽었을 때, 앞 문장에 "눈 깜짝할 사이에 고래가 사라졌다."라는 말이 있어서 "순식간에"는 '눈 깜짝할 사이와 같은 아주 짧은 시간에'라는 뜻이라는 걸 알게 되었어요.

위의 글을 읽고 알맞게 추론한 문장을 고르세요.

① 낱말의 뜻이 어려우면 그냥 넘어가는 것이 좋습니다.

② 문장에 모르는 낱말이 있으면 사전을 먼저 찾아야 합니다.

③ 어려운 낱말은 선생님이나 부모님께 여쭤봐야 알 수 있습니다.

④ 낱말의 앞뒤 내용을 살펴보거나 다른 쉬운 말로 바꾸어 보면 낱말의 뜻을 짐작할 수 있습니다.

앞의 글에서 현우가 낱말의 앞뒤 문장을 읽고 "희귀한"과 "순식간에"의 뜻을 추론했어요. 이처럼 문맥을 보고 쉬운 말로 바꾸는 방법은 글을 더 잘 이해하는 좋은 방법이에요. 그러므로 ④번이 올바른 추론이에요. ①번은, 모르는 낱말을 그냥 넘기면 글의 뜻을 제대로 이해할 수 없으므로 잘못된 추론이에요. ②번은, 사전 찾기도 좋은 방법이지만, 먼저 문맥에서 짐작하는 연습이 중요하므로 잘못된 추론이에요. ③번은, 꼭 선생님이나 부모님께 여쭤보지 않아도 스스로 글의 앞뒤 내용을 살펴보면 뜻을 짐작할 수 있어요. 따라서 잘못된 추론이에요.

이어 **생각하기**

밑줄 친 낱말 대신 쓰면 적절하지 않은 어휘에 ○표하세요.

희진이는 메뉴판을 보면서 떡볶이, 순대, 튀김 중에서 무엇을 먹어야 할지 망설이는 눈치였다.

고민하는 (　　)　　주저하는 (　　)

알아차리지 못하는 (　　)　　선택하지 못하는 (　　)

기본형

'앓고'를 국어사전에서 찾으려면 먼저 기본형을 알아야 한다. '앓'에 '다'를 붙이면 기본형이 된다. '앓다'는 '병에 걸려 고통을 겪다.'라는 뜻인데, 이런 말을 '동사'라고 부른다. 동사는 사물의 움직임을 나타내는 말이다. '엷은'은 기본형 '엷다'로 국어사전에서 찾을 수 있다. '엷다'는 '빛깔이 진하지 않다.'라는 뜻인데, 이런 말을 '형용사'라고 부른다. 형용사는 사물의 성질이나 상태를 나타내는 말이다. 허가를 받지 않고 몰래 사냥하는 사람을 '밀렵꾼'이라고 하는데, 이런 낱말을 '명사'라고 부른다. 명사는 사물의 이름을 나타내는 말이다.

위의 글을 읽고 알맞게 추론한 문장을 고르세요.

① '초등학교'와 '중학교'는 명사입니다.

② '즐거워'의 기본형은 '즐거우다'입니다.

③ '빠르다'와 '느리다'는 모두 동사입니다.

④ '잘생기다'와 '예쁘다'는 모두 형용사입니다.

'초등학교'와 '중학교'는 학교라는 사물의 이름을 나타내는 말이므로 명사가 맞아요. 그러므로 ①번이 올바른 추론이에요. ②번은, '즐거워'의 기본형은 '즐겁다'이므로 잘못된 추론이에요. ③번은, '빠르다'와 '느리다'는 형용사로서, 사물의 성질이나 상태를 나타내기 때문에 잘못된 추론이에요. ④ '잘생기다'는 동사이며, '예쁘다'는 형용사이므로 잘못된 추론이에요.

이어 **생각하기**

밑줄 친 어휘의 기본형을 (　)에 알맞게 쓰세요.

푸른 하늘에 뜬 뭉게구름을 바라보며 가을이 왔음을 느꼈다.

푸른: (　　　　　　)

뜬: (　　　　　　)

바라보며: (　　　　　　)

느꼈다: (　　　　　　)

모자이크

사회

모자이크는 여러 가지 빛깔의 돌이나 유리, 금속, 조개껍데기, 타일 따위를 조각조각 붙여서 무늬나 형상을 만드는 기법을 말한다. 세계의 문화가 하나의 모자이크로 완성된다면 어떤 느낌이 들까? 모자이크에 커다란 타일 하나를 붙이면 그 작품을 모자이크라고 부를 수 있을까? 세계의 문화는 모자이크와 같다. 나라마다 각기 다른 색과 형태의 모자이크 조각들이 존재한다. 이러한 조각들이 서로 잘 어우러져 하나의 멋진 모자이크를 만들어낸다면, 우리는 정말 아름다운 세계에서 살게 될 것이다.

위의 글을 읽고 알맞게 추론한 문장을 고르세요.

① 글쓴이는 문화의 다양성을 경험하기를 바랍니다.

② 글쓴이는 문화의 독창성을 경험하기를 바랍니다.

③ 글쓴이는 문화의 역사성을 경험하기를 바랍니다.

④ 글쓴이는 문화의 창의성을 경험하기를 바랍니다.

앞의 글에서 "세계의 문화는 모자이크와 같다."라는 비유를 통해 다양한 문화의 조화를 강조하고 있으며, 나라마다 다른 색과 형태를 가진 조각들이 잘 어우러져야 한다고 말하고 있어요. 글쓴이는 문화의 다양성과 그 조화의 중요성을 강조하고 있어요. 그러므로 ①번이 올바른 추론이에요. ②번은, 이 글에서는 주로 다양성과 조화에 중점을 두고 있으며, 독창성을 직접적으로 언급하지 않았으므로 잘못된 추론이에요. ③번은, 이 글에서 역사성에 관한 이야기는 없고, 문화의 다양성과 조화에 초점을 맞추고 있으므로 잘못된 추론이에요. ④번은, 창의성보다는 다양성과 상호작용에 관한 내용을 강조하고 있으므로 잘못된 추론이에요.

이어 **생각하기**

(   )에 알맞은 내용을 쓰세요.

각 나라의 고유한 (   ) 등이 앞의 글에서 비유한 모자이크의 조각들이다.

독감 환자

국어

독감 환자가 갑자기 늘었다. 결석 학생도 많아졌다. 교실에서 기침 소리가 잦았다. 보건 선생님께서는 마스크를 쓰고 수업하셨다. 보건 선생님께서는 "비말 감염이나 타액 감염으로 감기 같은 질병이 쉽게 옮을 수 있어요."라고 말씀하셨다. 나도 머리가 조금 아팠지만, 독감 예방 접종을 받아서 심하게 아프지 않고 지나갔다. 우리 반은 기침이 나면 마스크를 꼭 쓰기로 약속했다. 요즘은 모두 손 씻기도 잘 실천하고 있다.

위의 글을 읽고 알맞게 추론한 문장을 고르세요.

① 손 씻기는 독감을 치료하는 좋은 방법입니다.

② 마스크를 착용하면 비말 감염을 막을 수 있습니다.

③ 친구의 물병을 빌려 쓸 때는 물병을 깨끗이 씻어야 합니다.

④ 독감 예방 접종을 해도 독감에 걸리면 도움이 되지 않습니다.

앞의 글에서 보건 선생님께서 직접 "비말 감염으로 감기 같은 질병이 쉽게 옮을 수 있어요."라고 말씀하셨고, 학생들도 기침이 나면 마스크를 쓰기로 약속했다는 내용이 나와요. 따라서 마스크 착용은 비말 감염을 막기 위한 실천이 될 수 있어요. 그러므로 ②번이 올바른 추론이에요. ①번은, 손 씻기는 예방에는 효과적이지만, 치료 방법은 아니므로 잘못된 추론이에요. ③번은, 글에서는 물병 사용에 관한 내용은 나오지 않지만, 타액 감염을 막기 위해서는 자기 물병을 사용하는 것이 더 적절하므로 잘못된 추론이에요. ④번은, 글에서 "예방 접종을 받아서 심하게 아프지 않고 지나갔다."라고 말한 것으로 보아, 도움이 되었음을 알 수 있으므로 잘못된 추론이에요.

이어 **생각하기**

(　　)에 알맞은 내용을 쓰세요.

독감은 감염력이 강한 질병이지만, (　　　　　　　　　　)을 받고, (　　　　　　　)를 착용하고, (　　　　　　)를 꾸준히 실천하면 예방할 수 있다.

이어 생각하기 답 예시

15쪽

(터지다)

17쪽

위패

19쪽

(귀)

21쪽

십 모형: (7)개
일 모형: (6)개

23쪽

무엇이 어떠하다: 사마귀는 무섭다.
무엇이 어찌하다: 사마귀가 도망갔다.

25쪽

(825)-(297)=(528)

27쪽

줄자 (○)

29쪽

이동 통신사

31쪽

새빨간 자두를 먹은 누나의 혓바닥은 빨갛다.

33쪽

꼭짓점

35쪽

등산용 컵: (철)
머그잔: (흙)
포장 판매용 컵: (종이, 플라스틱)
유리컵: (유리)

37쪽

미세 플라스틱

39쪽

통일로

41쪽

교과서 표지는 (직사각형)을 닮았고,
바둑판 윗면은 (정사각형)을 닮았다.

43쪽

물에 가라앉는 물체: (가위, 연필, 지우개, 자, 클립, 크레파스)
물에 뜨는 물체: (종이배, 페트병, 탁구

공, 축구공)

45쪽

처녀 귀신, 몽달귀신, 물귀신, 아귀, 나무귀신 등

47쪽

氷庫

49쪽

먼저 세 사람이 (2)조각씩 먹는다. 남은 2조각은 각각 (3)등분씩 나누어 먹는다.

51쪽

플라스틱은 만들고 사용하기는 편해도 수백 년 동안 썩지 않아 바다와 육지의 생물에게 매우 큰 피해를 줍니다. 또한 재활용하기도 어렵다는 것이 큰 단점입니다. 특히 미세 플라스틱을 만들어 생태계에 큰 피해를 줍니다.

53쪽

우리나라의 표준어는 교양 있는 사람들이 두루 쓰는 현대 (서울말)로 정하였다.

55쪽

피맛골은 '말[馬]을 피하는 골목'이다.

57쪽

16÷2=8

59쪽

철

61쪽

(사실)은 실제로 있었던 일이나 현재에 있는 일을 말합니다.
(의견)은 어떤 대상에 관한 생각을 말합니다.

63쪽

석섬

65쪽

(9×8=72)
(8×9=72)

67쪽

요리 도구

69쪽

남을 낮추어 보거나 (하찮게) 여기다.

71쪽

할머니 (○)

73쪽

(300)×(4)=(1200)

75쪽

공작 (○)

77쪽

저작권

79쪽

유형유산

81쪽

(53)×(7)=(371)

83쪽

완전 탈바꿈 곤충은 '알 → 애벌레 → (번데기)' 과정을 거쳐 어른벌레가 된다.
불완전 탈바꿈 곤충은 '알 → (애벌레)' 과정을 거쳐 어른벌레가 된다.

85쪽

소금은 너무 짜서 먹지 말아야 한다. (의견)
소금은 짠맛 나는 조미료이다. (사실)
국에 소금을 조금 넣으면 더 맛있다. (의견)

87쪽

봉수대 (○)
연 (○)

89쪽

(1.5)km이다.

91쪽

$\frac{1}{2}, \frac{2}{4}, \frac{3}{6}, \frac{4}{8}, \frac{5}{10}, \frac{6}{12}$

93쪽

공기와 물

95쪽

아파트 지하 주차장

97쪽

강, 산, 들, 화산, 바다는 (자연)환경이며, 논, 밭, 공원, 아파트, 축구장은 (인문) 환경이다.

99쪽

이는 (실험) 중심의 탐구 방법이다.

101쪽

목독보다 글을 더 빠르게 읽을 수 있다.

103쪽

우리나라 지형은 대체로 (서)쪽보다 (동)쪽이 더 높다.

105쪽

370÷9=41⋯1

107쪽

펭귄은 조류이다. (○)

109쪽

시각 (○)

111쪽

가장 낮은 기온: 영하 0.5도
가장 높은 기온: 영상 29.3도

113쪽

반원은 모두 (14)개가 필요하다.

115쪽

④ 알을 낳는 동물: 장수하늘소, 무당벌레, 개구리, 까치.

117쪽

전나무 (○)

119쪽

뜨거운 (햇빛)과 (모래바람)으로부터 몸을 보호하기 위해서이다.

121쪽

강 상류에는 퇴적 작용보다 (침식) 작용이 활발하며, 강 하류에서는 침식 작용보다 (퇴적) 작용이 활발하다.

123쪽

(광합성)이라고 한다.

125쪽

한대 기후 (○)

127쪽

소고기 한 근 600(g, 그램)
토마토 한 상자 5(kg, 킬로그램)
들기름 한 병 360(ml, 밀리리터)
우유 한 통 1(L, 리터)

129쪽

물

131쪽

횡단

133쪽

(초가집, 기와집, 대청마루)

135쪽

(공기, 산소, 질소, 이산화탄소, 수증기)

137쪽

(그런데)

139쪽

지능

141쪽

(517)명 더 많다.

143쪽

그 성부를 (메조소프라노)라고 한다.

145쪽

이 음식을 (토스트)라고 한다.

147쪽

(반지름)이라고 한다.

149쪽

그 소리는 (흡수)된다.

151쪽

고유어 (○)

153쪽

알아차리지 못하는 (○)

155쪽

푸른: (푸르다)
뜬: (뜨다)
바라보며: (바라보다)
느꼈다: (느끼다)

157쪽

(문화, 전통, 건축, 음식, 옷, 언어, 예절, 예술, 가치관)

159쪽

(예방 접종), (마스크), (손 씻기)